Ullstein Sachbuch

Eva Apraku/Stephan Nelles

Körperkult

Reportagen

populäre Kultur

Populäre Kultur
Ullstein Buch Nr. 36549
im Verlag Ullstein GmbH,
Frankfurt/M – Berlin

Originalausgabe

Umschlaggestaltung:
Hansbernd Lindemann
Titelillustration:
Utoprop

Printed in Germany 1988
Gesamtherstellung:
Ebner Ulm
ISBN 3 548 36549 3

April 1988

CIP-Titelaufnahme
der Deutschen Bibliothek

Apraku, Eva:
Körperkult: Reportagen / Eva Apraku;
Stephan Nelles. – Orig.-Ausg. –
Frankfurt/M; Berlin: Ullstein, 1988
(Ullstein-Buch; Nr. 36549: Ullstein-
Sachbuch: Populäre Kultur)
ISBN 3-548-36549-3
NE: Nelles, Stephan:; GT

Inhalt

Vorwort

1

Die Deutschen sind mit ihrer körperlichen Fitneß im großen und ganzen zufrieden. Doch das wird sie nicht davon abhalten, in der nahen Zukunft noch mehr für Aussehen und Leistungsfähigkeit ihres Körpers zu tun. Diesen Schluß legt zumindest eine im Auftrage einer großen Illustrierten durchgeführte repräsentative Umfrage unweigerlich nahe. Beinahe zwei Drittel der erwachsenen Bevölkerung der BRD üben ihren Körper im Schwimmen, Radfahren, Laufen oder anderen Sportarten; der größte Teil täglich oder zumindestens mehrmals in der Woche. Wollen die Deutschen diesen »status quo« verbessern, gilt es, eine Körperkult- und Fitneßwelle zu überbieten, die bereits beträchtliche Ausmaße angenommen hat.

2

Einige nüchterne Zahlen, die den gegenwärtigen Stand der bedeutendsten Disziplinen des neuen Körperkults illustrieren: in über 3000 Fitneß- und Bodybuildingstudios etwa stemmen ca. 1,2 Millionen eingetragene Mitglieder Hanteln; 1986 wälzte sich ein 12 280 Teilnehmer starkes Marathonläuferfeld durch die Berliner Stadtbezirke und die Zahl der eisenharten Dreikämpfer, die sich beim Triathlon nonstop im Schwimmen, Radfahren und Laufen messen, explodierte seit 1982 – in nur drei Jahren hat sie sich mit annähernd 20 000 Startmeldungen fast versiebzigfacht.

3

Wohlgemerkt: die Hochkonjunktur des Körpers ist nicht mit einer begrenzten Sport-Welle gleichzusetzen. Die sportlichen Aktivitäten der Deutschen sind Teil des allgegenwärtigen Körperkults, der weit über die Grenzen des Sports hinausgeht. Körperkult bedeutet: Nicht nur aktiv werden, Fitneß und Leistungsfähigkeit durch Laufen, Schwimmen, Radfahren etc. verbessern, sondern auch den Körper neuen Idealen gemäß formen. Solarien, Saunen und Figurstudios, die Muskelzuwachs ohne körperliche Betätigung, damit ohne gesundheitlichen Nutzen und sportliche Leistungssteigerung versprechen, profitieren vom gegenwärtigen Körperboom. Der Körperkult ist zu einem gewichtigen Teil Imagepflege und auf kosmetische Effekte bedacht, d.h. das Training richtet sich auf den Erwerb von Muskeln, sportlichem Aussehen und einer straffen Haut, die als zeitgemäßes Schönheitsideal und Selbstdarstellungsform erkannt werden. Der modellierte und neu erschaffene Körper ist mehr als nur schön anzusehen, er spendet vielmehr eine neue Identität.

4

Die Attraktivität des Körpers, der Wunsch »sexy« auszusehen, ist bei beiden Geschlechtern von entscheidender Bedeutung. Der Frauenanteil in den Fitneßstudios ist in den vergangenen Jahren erheblich gestiegen und liegt derzeit bei 54%. Der Konkurrenzkampf der Körper als Köder ist unter den Vorzeichen der freien Partnerwahl härter geworden. Passive Maßnahmen wie Diäten alleine fruchten schon längst nichts mehr. Wer auf dem Markt der Liebe die eigenen Kursnotierungen in die Höhe treiben will, kommt um Hantelstemmen, Muskelaufbau und Solarienbräunung nicht mehr herum. Brüche im traditionellen Rollenverhalten sind in diesem Zusammenhang bei Männern und Frauen gleichermaßen vorprogrammiert. Während das ehedem als »schwach« titulierte Geschlecht mit gezieltem Muskeltraining und prallem Bizeps Neuland betritt, brechen Männer in vormals weibliche Domänen ein, drehen und wenden sich mit selbstkritischem Blick auf alle Körperpartien vor dem heimischen und dem Studiospiegel.

5

Aber der aktuelle Körperkult bedeutet mehr als nur den Wunsch nach Schlankheit und Fitneß. Er ist Ausdruck einer tieferen und gesellschaftlich vermittelten Identitätskrise: die Physis wird gleichsam zur letzten Bastion unmittelbarer und unverstellter Erfahrung. Aus dem Köpren lassen sich »vielfältige Entdeckungen, Abenteuer, Erlebnisse, Bewährungsproben und Wahrnehmungen« ableiten, formuliert der Sportsoziologe Volker Rittner von der Deutschen Sporthochschule Köln. Neu ist nicht allein die Radikalität, mit der immer mehr Menschen auf Entdeckungsreise und Wahrheitssuche im anatomischen Mikrokosmos gehen. Entsprechend der umgreifenden Individualisierung in allen Bereichen der Gesellschaft setzen auch die Anhänger des Körperkults alle Hoffnungen auf tiefere Erkenntnis in zunehmend individueller erlebten Aktivitäten. Wahr ist, was fühlbar ist. Der Köperkult wird so zu einer Form der Zurückweisung des tristen und illusionslosen Alltags, zu einem Lebensstil, in dem sich Bilder aus den Massenmedien – Film, Fernsehen, Werbung – untrennbar mit der Unmittelbarkeit sinnlicher Körpererfahrung verschränken. Die umfassende gesellschaftliche Vision, die große Teile der Vorgängergeneration in den endsechziger Jahren noch zusammenschweißte, existiert nicht mehr Körperkult als Erkenntnisversuch ist die irrationale Antwort auf schwindende Identifikationsmöglichkeiten mit einer anonymen, hochtechnisierten und deshalb krisenanfälligen Massengesellschaft. Was dort nicht mehr machbar erscheint – positive Veränderungen, Erzeugung von Harmonie etc. –, gelingt beim Körpertraining zwar nicht mühelos und schlagartig, aber immerhin doch in kleinen, kontrollierbaren Schritten. Körperkult ist der Ruf nach Athletik statt Politik.

6

Das Spektrum des körperlich Fühlbaren dehnt er über alle vormals auch nur vorstellbaren Horizonte aus. Aktivität und Intensität wählt der dem neuen Ideal verpflichtete Zeitgenosse selbst. Ein auf die Körper-Sensibilisierung ausgerichtetes Verhalten bildet das gemeinsame Moment des Körperkults. Die Sensibilisierung nimmt ihren Ausgang in der Wachsamkeit gegenüber den optischen und sensitiven Signalen der Haut: Ihr Bräunungs- oder Blässegrad, ihre Straff- oder Schlaffheit wird zum Seismograph körperlicher und seelischer Befindlichkeit. Die Spirale setzt sich über Atem und Pulskontrolle der Marathonläufer und Triathleten fort. Avancierte Bodybuilder weisen auf das animalische Empfinden hin, das sie beim Bewegen harter und hypertrainierter Muskelpartien alltäglich wahrnehmen. Marathonläufer mystifizieren die Überwindung des körperlichen Schmerzes, den Gipfel eines jeden Laufes über die klassische Distanz. In der Erfindung immer neuer Exzesse ist das Ende der Körperkultspirale bislang nicht absehbar.

7

Dieses Buch trägt der Breite und den praktischen Abstufungen des Phänomens Körperkult Rechnung, nicht ohne eine begründete Auswahl zu treffen. Körperkultformen »des letzten Schreis«, z. B. das vielfach propagierte »Walking«, eine Art zügiges Wandern, oder Körperkult- und Erkenntnisformen aus dem fernöstlichen Kulturkreis – Wu Shu, Aikido oder Yoga – mußten unberücksichtigt bleiben. Das vorliegende Buch konzentriert sich auf die Auswüchse des Körperkults, die fast unbemerkt und in allen Gesellschaftsschichten zu einem Bestandteil des Alltags geworden sind. Um den Rahmen des Buches dabei nicht zu sprengen, wurde auf die Darstellung elitärer Körper-Psyche-Übungen verzichtet. Es ist natürlich nicht ausgeschlossen, daß die Exotika von heute schon morgen zu Normalitäten unseres Alltags geworden sind. Die alltägliche Wahrnehmung wird sich dann an sie gewöhnt haben, wie sie sich an Jogger im Stadtpark, muskuläre Frauen in den Freibädern oder Radrennfahrer auf den Hauptverkehrsstraßen gewöhnt hat. Die Erscheinungsformen des Kults werden weiterhin den Gesetzen der Mode, also kontinuierlichem Wandel an der Oberfläche, unterworfen bleiben – der Trend zu Fitneß und Körperkult aber wird weitergehen.

Berlin, im Juni 1987

Warum treibt man Sport?

Gespräch mit dem Sportsoziologen Joachim Goerke

Warum treibt man Sport, Herr Goerke?

Goerke: Ich habe untersucht, welche Werte und Funktionen dem Sport überhaupt beigemessen werden, unter welchen Aspekten also nach herkömmlichen Vorstellungen in der Bundesrepublik Sport getrieben wird. Dabei stellte sich heraus, daß sich die Ergebnisse in drei Komplexe fassen lassen. Zum ersten die immer wieder ins Feld geführte Behauptung, daß Sport der Gesundheit dienlich ist und deswegen zumindestens als sozialpolitisch wichtig erachtet wird. Eben die bekannte Argumentation von vielen Sportmedizinern und anderen Menschen, daß, wenn die Leute nur genügend Ausdauersport treiben würden, insgesamt die Herz-Kreislauf- und Gefäßerkrankungen zurückgehen würden und damit die Kosten für die Volksgesundheit gesenkt werden könnten. Der zweite Komplex liegt im sozialen Bereich. Sport wird da verstanden als eine Möglichkeit der Betätigung außerhalb von sozialen Kriterien nach dem Motto: »Sport spricht alle Sprachen«. Der dritte Komplex schließlich hat eine historische Dimension. Demnach betreiben die Menschen Sport, weil sie heute mehr Freizeit haben als zum Beispiel noch zu Zeiten der Entstehung unserer Industriegesellschaft. Sport wird dargestellt als Mittel, die Freizeit sinn- und freudvoll zu nutzen. Und ganz am Rande kommt dann immer – meiner Meinung nach ist es ja längst nicht mehr aktuell – dieser kompensatorische Gedanke dazu. Sport wird hierbei als Möglichkeit verstanden, gesellschaftliche Defizite oder Frustrationen auszugleichen. Wer also – vor allem – in der Arbeitswelt viele negative Erlebnisse hat, soll wenigstens im Sport die Möglichkeit haben, unter gleichen Bedingungen anzutreten und sich damit Erfolgserlebnisse zu verschaffen.

Treibt man heute aus anderen Gründen Sport, als vielleicht noch 1965 oder 1975?

Goerke: Vor noch etwa zehn Jahren war etwa bis Ende des zweiten Lebensjahrzehnts, also bis Anfang 20 entschieden, wer Sport treibt und wer nicht. Dabei hing der Zugang zum Sport, so wird es jedenfalls herkömmlich verhandelt, letztendlich vom Zufall ab. Vom Zufall nämlich in dem Sinne, mit was für Leuten man zusammen ist, in welcher Situation man überhaupt aufwächst, wie man mit dem Sport konfrontiert wird, wie die Sportstätten-Situation aussieht und ob es im Bekanntenkreis Personen gibt, die positive Leitbilder abgeben können.

Also Lehrer, Freunde, Geschwister oder Eltern. Diese Sozialisations- oder Selektionsprozesse endeten dann quasi mit der Jugendlichkeit.

Was wir in der Bundesrepublik aktuell vorfinden – verstärkt seit etwa fünf Jahren –, ist nun aber, daß Leute ein sportives Interesse entwickeln, die viel älter als 20 Jahre sind. Menschen, die also bereits im Beruf stehen und aus einem Alter heraus sind, in dem sie Leistungssport im attraktiven Sinne treiben könnten, also Leistungssport oberhalb von z. B. nur regionalen Wettbewerben. Bei der Suche nach der Motivation zu dieser Ausprägung des Sporttreibens trifft man immer wieder auf die beiden Stichworte »Gesundheit und Fitneß«. Also »Gesundheit« nicht nur als physiologische Größe gedacht, sondern auch als psychische und soziale Größe. Dabei ist die moderne Bezeichnung für »Gesundheit« also »Fitneß« mit dem älteren Begriff nicht deckungsgleich, sondern hebt vielmehr den leistungsbezogenen Aspekt hervor. »Fitneß« ist ein bestimmtes Ideal von »Sich-Wohlfühlen«, verkörpert z. B. durch Arnold Schwarzenegger, Sylvester Stallone, Lisa Lyon oder Jane Fonda.

Ist denn heute nicht aber bereits jeder Film- und Fernseh-Star auch gleichzeitig ein Fißneß-Idol? Man denke doch nur an Raquel Welch, Victoria Principal oder Linda Evans, die ja alle Bücher über ihr Sport- und Schönheitsprogramm veröffentlicht haben?

Goerke: Das sehe ich etwas anders. Als Gegenbeispiel nenne ich Tom Hulce, den Hauptdarsteller des »Amadeus«-Films. Der entspricht nun gerade nicht dem neuen Fitneß-Körperideal. Tom Hulce ist ein »normaler«, »durchschnittlicher« Mann, weder besonders kräftig, noch besonders groß. Weil sein Körperbau in seinen Filmrollen aber auch vollkommen unwichtig ist, wird er auch nie dazu befragt, was er für sein Aussehen tut. Insofern äußert er sich auch nicht dazu. Und das ist bei vielen anderen Leuten auch der Fall. Man braucht nur mal in die Politik reinzugehen. Denn eines scheint ja allen politischen Parteien gemeinsam zu sein: dem körperlichen Erscheinungsbild, das jetzt in Sport und Mode favorisiert wird, haben alle zusammen scheinbar abgeschworen. Egal, ob es nun die etablierten Parteien sind, die eher noch die Sinnbilder der Freßwelle darstellen, oder ob es nun Teile der Grünen sind, die sich ja mit »Sport und Körperlichkeit« in hier verhandeltem Sinne überhaupt nicht anfreunden können.

Ob das aber so bleiben wird? Schließlich müssen sich die Politiker, um erfolgreich zu sein, auch äußerlich dem Geschmack der Wähler anpassen. Amerikas Präsident Reagan, der ja schon ein alter

Mann ist, läßt sich immer noch hoch zu Roß oder in einem Kanu paddelnd ablichten. Auch andere amerikanische Politiker sind – vom Aussehen her – sportliche Typen. Man kann sie sich durchaus auch als Fimstars vorstellen, wie sie z. B. während einer Verfolgungsjagd aus einem fahrenden Auto springen.

Goerke: In Amerika hat Sport einen anderen Stellenwert. Man braucht ja nur an die Highschool- und Universitätsmannschaften zu denken, egal ob es jetzt Basketball, Football oder Rudern ist. Für die Studenten dort besitzen diese Mannschaften einen ganz wichtigen Stellenwert. In Deutschland hingegen bildet vieles, was mit Kultur und Politik zu tun hat, nahezu einen direkten Gegensatz zum Sport. Besonders deutlich zeigte sich das in Deutschland zur Zeit der Studentenbewegung. Der Körper wurde da, schroff gesagt, schon fast als Hindernis für die geistige Tätigkeit aufgefaßt. So nach dem Motto: statt 24 Stunden lang mit dem Kopf arbeiten zu können, muß ich jetzt dem Körper seinen Tribut zollen und schlafen oder »Brennstoff nachführen«.

Was unterscheidet die »Trimm-Dich-Welle« der siebziger Jahre von dem Körperbewußtsein heute?

Goerke: Sowohl die Leitbilder damals wie auch das Publikum unterscheiden sich von heute. Man braucht sich bloß die Protagonisten der Trimm-Bewegung anzugucken, z. B. Willi Weyer, den ehemaligen Vorsitzenden des Deutschen Sportbundes. Er propagierte zwar die Trimm-Aktion, stand aber nicht als Person mit seinem dazugehörigen Körper für die ganze Sache. Diese Bewegung wurde gewissermaßen von oben verordnet, wenn auch mit Einschränkungen. Aktiv werden muß man schließlich beim Sport immer noch selber. Es reicht also nicht, eine konzeptionelle Veränderung im Kopf vorzunehmen, sondern da muß mehr passieren.

Wieso fühlen sich die Leute heute diesem sportlichen Schönheitsideal à la Jane Fonda oder Sylvester Stallone im allgemeinen eher verpflichtet und nicht mehr solchen Schönheitsidealen wie z. B. der superdünnen Twiggy?

Goerke: Wenn man so eine imaginäre Größe wie den Zeitgeist bemüht, dann stand dieser Ende der 60er, Anfang der 70er Jahre doch eher im Zeichen der Konfrontation von Autorität und Gegenautorität und war in dem Sinne sicherlich auch mit einer demonstrativen Lässigkeit verbunden. Diese Lässigkeit wurde z. B. durch Aussehen – durch Kleidung oder durch lange Haar auch bei Männern – ausgedrückt. So eine Körperkonzentration aber hätte dem sicherlich entgegengewirkt, denn, zumindestens in Deutschland, assoziiert man mit Sport ja auch militaristisches Gedankengut. Der deutsche Turnverein, so als idealisierte Kunstfigur, war nicht nur »frisch, fromm, fröhlich, frei«, sondern damit verbunden waren auch »Riegen«, »Pfeifen«, »Antreten« und »Fertigmelden«. Begriffe und Inhalte also, die der gegen die Autoritäten gewendeten Bewegung deutlich entgegenstanden.

Wenn es in den Sportvereinen diese Art von Drill zwar nun nicht mehr gibt, so scheinen die Vereine als Möglichkeit zum Sporttreiben den Körperaktivisten zunehmend unattraktiver. Wie sonst wäre zu erklären, daß auf der einen Seite die Mitgliederzahlen in Sportvereinen stagnieren bzw. zurückgehen, es auf der anderen Seite aber immer mehr private Sportzentren gibt?

Goerke: Ein Schlüssel zur Beantwortung dieser Frage ist, daß der Sport in den Vereinen eine andere Art von Sport darstellt, als der in den Zentren käuflich zu erwerbende. Einmal haben die Sportvereine das größere Spektrum. Zum anderen aber zeichnen sich die in den Vereinen angebotenen Sportarten – man denke nur einmal an die Mannschaftssportarten wie Fußball, Volleyball oder Basketball – dadurch aus, daß sie ein relativ hohes technisches Können erforderlich machen. Ich kann nicht Volleyball spielen, nachdem ich mich eine Stunde lang mit einem Volleyball beschäftigt habe! Die Sportarten hingegen, die im kommerziellen Bereich angeboten werden, unterscheiden sich z. B. darin vom Vereinssport, daß sie bereits nach einer minimierten Anlaufphase beherrschbar sind. Die Bewegungsabläufe im Fitneßsport, egal ob man nun Bodybuilding nimmt oder Aerobic, sind hochstandardisiert. Die werden entweder durch Außenelemente, wie eine Maschine, vorgegeben, oder aber durch einen Übungsleiter wie im Aerobic. Man braucht also nicht, wie in den klassischen Sportarten, eine eher lange Anlaufzeit. Um z. B. gut Volleyball spielen zu können, muß man sich etwa ein bis zwei Jahre damit beschäftigen.

Der zweite Unterschied zwischen den typischen Vereinssportarten und den Fitneßsportarten ist der, daß letztere alles individuell umzusetzende Tätigkeiten sind. Man kann zwar mit zwanzig Personen in einem Raum Aerobic-Gymnastik machen oder zu viert gleichzeitig an einer Bodybuilding-Maschine »arbeiten«, aber wer jetzt eine Übung wie ausführt, ist für den Nebenmann oder die Nebenfrau vollkommen belanglos. Hingegen sind in den Mannschaftssportarten, z. .B. beim

Volleyball, andere Personen zum Ausführen des Spiels unerläßlich.

Wieso gibt es keine Mannschafts-Modesportart? Warum ist das Miteinander-Sporttreiben in den letzten Jahren ein bißchen in den Hintergrund getreten?

Goerke: Ein wichtiger Punkt liegt wohl darin, daß man eine viel längere Anlaufzeit braucht. Angenommen, ein Mann oder eine Frau, sagen wir einmal Mitte bis Ende Dreißig, die zehn Jahre lang keinen Sport getrieben haben, kommt jetzt auf die Idee, sich sportlich zu betätigen. Dann liegt es natürlich nahe, eine Tätigkeit zu wählen, die man ohnehin beherrscht – das ist beim Laufen, Radfahren oder Schwimmen meistens der Fall – oder eine Sportart, die sich schnell erlernen läßt. Man will doch den versprochenen Erfolg haben. Wer tut denn schon gerne ausdauernd etwas, wo der Erfolg nur in sehr weiter Ferne winkt, zumal einem der eigene Körper doch so nah ist?

Und womit sich der Körper auch nicht so schnell verändern läßt?

Goerke: Ja, bei den Fitneßsportarten ist eine Veränderung auch viel schneller sichtbar. Wenn man sich diesem bestimmten Körperideal verpflichtet glaubt, dann fängt man wahrscheinlich nicht an, Volleyball zu spielen; denn dabei findet man sicherlich wesentlich weniger körperliche Veränderungen vor, als bei vergleichbar zeitlich intensivem Krafttraining.

Wie erklären Sie sich, daß muskulöse Körper das herausragende Schönheitsideal der achtziger Jahre sind?

Goerke: Diese Frage zu beantworten, ist sicherlich nicht in der Art und Weise möglich, daß man sagen könnte, es gäbe eine sinnfällige Entwicklung dahin. Zwar paßt die Verbindung von Kraft und Schönheit gerade bei den Frauen, bei denen Aussehen immer noch mehr im Vordergrund steht als bei den Männern, sicherlich auch in einen bestimmten gesellschaftlichen Kontext hinein – der Körper von Jane Fonda z. B. symbolisiert ihre diesbezügliche Aktivität –, aber es ist nicht zwingend durch die Umstände bestimmt, daß sich gerade dieses bestimmte Schönheitsideal herauskristallisiert hat. Dafür sind sicher noch viele, viele andere Faktoren mit verantwortlich. Einzig wichtig ist, daß der neue Typus im Hinblick auf seinen Vorläufer eine Innovation darstellt. Bei Männern gibt es viel mehr Schönheitsideale gleichzeitig, die auch eher gleichwertig nebeneinanderstehen und nicht so klar wie bei den Frauen pyramidenförmig angeordnet sind. Denkt man z. B. wieder an das Beispiel Kino, dann gibt es ja nicht nur Stallone oder Schwarzenegger, sondern auch Woody Allen und Tom Hulce. Die »dürfen« dann auch intelligent sein und nicht nur über ihren Körper wirken. Für Frauen hingegen ist es immer noch schwerer, sich im Kino ausschließlich über Intelligenz zu artikulieren.

Die muskelgestählten Schönheitsideale der 80er Jahre behaupten in ihren Büchern und in Interviews immer wieder, erst ihr spezielles Fitneßprogramm habe sie glücklicher und vor allem erfolgreicher werden lassen. Gibt es einen Zusammenhang zwischen der Ausübung von Sport und dem Erfolg in anderen Lebensbereichen?

Goerke: Na ja, die Geschichten, die darüber erzählt werden, sind die eine Sache; was tatsächlich stattgefunden hat, ist, daß eine gewisse Art von Körper als ein kulturelles Symbol für Erfolg angesehen wird. So wie Erfolg vorher vor allem über bestimmte Güter, z. B. Autos, Kleidung, Wohnungseinrichtung oder Reisen symbolisiert wurde. Eben über nach außen darstellbare und käuflich zu erwerbende Sachen. Während jetzt, mit der Möglichkeit der Formbarkeit des eigenen Körpers – so scheint es jedenfalls –, eine weitere symbolische Kapital- oder Anlagemöglichkeit geschaffen worden ist.

Sie meinen, weil bei uns viele Güter bereits zur Selbstverständlichkeit gehören, hat man sich mit dem geformten Körper ein neues Symbol geschaffen, um zu demonstrieren, daß man auf dem Weg nach oben ist?

Goerke: Ich will das nicht gegeneinander verhandeln. Deutlich ist nur, daß da so eine Verzahnung stattfindet. Modische Kleidung beispielsweise tritt in einer zunehmenden Verbindung mit Sport auf, umgekehrt wird sportliche Kleidung heute in einem Maße unter modischen Gesichtspunkten betrachtet, wie es dem herkömmlichen Vereinssport überhaupt nicht vertraut und gewohnt war. Wären beispielsweise, wie beim Berlin-Marathon, tausende von Leuten vor 20 Jahren durch Berlin gelaufen, dann wären die anders gekleidet gewesen. Allein von den Farben her! Oder von dem Schnitt, also dem Kompromiß zwischen Mode einerseits und Beweglichkeit andererseits. Umgekehrt kann man sich heute in dieser sogenannten Freizeitmode als sportlich darstellen, ohne es tatsächlich zu sein. Eine wichtige Ursache dieser Verbindung könnte sein, daß der traditionelle Sport als Markt ausgebaut worden ist. Das sieht man schon daran, wieviel Geld bestimmte Profisportler mit Werbeeinnahmen verdienen können.

In dem Moment aber, in dem ein bestimmter, hier vorgeblich »hoher« gesellschaftlicher Stellenwert auch erkauft werden kann, wird dieses Kleidungsstück, dieses Auto, diese Frisur, dieser Körper oder was auch immer, erstrebenswert für diejenigen Personen, die nach oben hin orientiert sind. Zudem ist es innerhalb dieser Sportlerimages ja viel weniger wichtig, im herkömmlichen Sinne »sportlich« oder gar im medizinischen Sinne »leistungsfähig« zu sein, also tatsächlich prüfbar zu machen, welches Gewicht man ziehen oder welche Zeit man laufen kann, als vielmehr einfach nur sportlich zu erscheinen. Diese Eigenschaft kann man eben käuflich erwerben.

Was Sie da zu dem Thema »Sport als Markt« sagen, erinnert mich an die Entwicklung der Popmusik seit dem Aufkommen des Rock 'n' Roll. Bevor der Rock 'n' Roll die Kasse klingeln ließ, mochte man damit noch verhältnismäßig unbelastet von marktwirtschaftlichen Entwicklungen sein, Unbehagen an einer bestimmten gesellschaftlichen Situation ausdrücken. Als aber entdeckt wurde, daß sich mit dieser Ausdrucksform viel Geld verdienen läßt, wurde auch noch die kleinste Marktnische, angefangen von Postern über Kleidung bis hin zu Anstecknadeln, ausgeschöpft. Was halten Sie von dem Vergleich Sport und Popmusik?

Goerke: Diesen Vergleich finde ich interessant. Und beides findet übrigens in einer auf Jugendlichkeit ausgerichteten Kultur statt, die jeweils entsprechende Idole bereithält, denen man sich mit dem »richtigen« Outfit annähern kann. Beides sind ja ökonomisch stark umkämpfte Bereiche. Der Musikmarkt ist sehr hart geworden. Die Schallplattenpreise sind in den letzten zwanzig Jahren, glaube ich, eher niedriger geworden oder zumindestens gleich geblieben. Das zeigt, daß dieser Markt ziemlich ausgereizt ist, daß offensichtlich nicht mehr viel drin ist. Umgekehrt sagte ein Bekannter, der ein Sportgeschäft hat, einmal zu mir, daß er sich von dem Moment an, in dem die Jugendlichen nicht mehr vornehmlich in Turnschuhen herumlaufen würden, überlegen müßte, wovon er den Hauptanteil seines Umsatzes bestreiten sollte.

Ist Sport gesund?

Goerke: Für die Sportmediziner ist es zum Großteil klar, daß Sport gesund ist. Aus soziologischer Sicht hingegen ist es bereits schwer, zu beweisen, daß Personen, die Sport treiben, eine höhere Gesundheit haben, als Personen, die keinen Sport treiben. Schließlich darf man nicht übersehen, daß die Kreislaufwerte, die man messen kann – Blutdruck, Vitalkapazität – fast nur dem physiologischen Gesundheitsbegriff zuzuordnen sind. Wenn ich 10 000 Meter laufen will, brauche ich einfach eine entsprechend große Lunge und ein Herz, das den Kreislauf in Schwung hält und den Sauerstoff dahin bringt, wo er gebraucht wird. Wenn ich aber keine 10 000 Meter laufen will, reicht eine Vitalkapazität nahezu vollkommen aus, die es mir erlaubt, drei Etagentreppen zu steigen. Außerdem bedeutet aus soziologischer Perspektive selbst die mögliche Tatsache, daß sporttreibende Personen gesünder sind, nicht unbedingt, daß das eine das andere bedingt. Man könnte es genausogut umgekehrt lesen: Die Personen, die gesünder sind, treiben eher Sport als die Personen, die anfällig sind.

Letztendlich aber führt es nicht weiter zu untersuchen, in welchem Zusammenhang Sport und Gesundheit miteinander stehen. Relevant ist, ob jemand meint, daß, wenn er Sport treibt, er etwas für seine Gesundheit tut. Ob dieses tatsächlich passiert, spielt nur eine untergeordnete Rolle. Die Hauptsache ist, er fühlt sich dabei wohl, denn mit der Ausübung von Sport kann man sich in den 80er Jahren als ganz auf der Höhe der Zeit kennzeichnen, »dazugehören« und sich somit wohlfühlen. 1960 hingegen wurde »Wohlbefinden« sicherlich eher an andere Tätigkeiten geknüpft. Das Problem fängt ja erst in dem Moment an, indem es quasi eine Lobby gibt, die so tut, als wenn Sporttreiben der einzige Weg wäre, sich wohl zu fühlen.

WEGE ZUM KÖRPERGLÜCK

FITNESS-STUDIOS

Wenn bei 50 Watt der Puls hochschnellt

Ein Nachmittag in einem Fitneßstudio

In angenehmer Tonlage schnurrt der Türöffner, kein schrilles oder krächzendes Signal bedeutet dem Wartenden einzutreten. Durch den kleinen verspiegelten Korridor ist man in zwei Schritten an der Treppe. Von dort sind es wenige Stufen hinab bis ins Allerheiligste des TIFFANI-FITNESS-CENTERS: Der Übungsraum ist mit dem ganzen Instrumentarium neuzeitlicher Körperzucht ausgestattet. An seiner Schwelle fordert ein handgemaltes Schild dazu auf, freundlichst von den im Regal nebenan stehenden Filzpantoffeln Gebrauch zu machen. Ich stulpe mir die übergroßen Hausschuhe über, um geräuschlos und ohne den Straßenschmutz mitzubringen die letzte Glastüre hinter mir zu lassen.

Aus unsichtbaren Lautsprechern plätschert unaufdringlich und gerade über der Wahrnehmungsgrenze der musikalische Fluß eines Nonstop-Gute-Laune-Senders. Hat man metallisches Klicken von Hanteln und quietschende Doppeltwister, Butterflies oder Latissimus-Züge erwartet, wird man sich über den gedämpften Klangpegel dieser Muskelschmiede wundern. Kein Ächzen, kein Stöhnen. Sanften Schritts schlendere ich in Filzschuhen über die Auslegeware und erwische mich schon nach wenigen Schritten beim Mitsummen eingängiger Hitparadentitel.

Vorinformationen aus der Presse und Vorurteile hatten eine völlig entgegengesetzte Erwartung entstehen lassen. Bauchmuskelbretter und Schulterpressen, Hackenschmidt, aber auch kiloschwere power boots, die man unter die Füße schnallt, wenn es in der Beinmuskulatur so richtig klingeln soll – schon die Bezeichnungen dieses neumodischen Sportgeräteparks erwecken fast automatisch Mißtrauen! Wohl wahr, doch im TIFFANY wollen und sollen sich dererlei Berührungsängste nicht einstellen. »Relaxing« lautet das Zauberwort der Körperkultstätte im Kölner Zentrum. Geschäftsführung und Personal geben sich alle Mühe, »das notwendige Belastungs-Erholungsverhältnis nicht dem Zufall zu überlassen« (Werbebroschüre). Das beginnt selbstverständlich bei der Innenausstattung der Sportstätte. Keine Maschine drängt sich unangenehm auf. Blitzblankes Chrom-Design verleiht ihnen eher das Aussehen avantgardistischer Möbelstücke, derer man sich zum eigenen Wohlbehagen nur zu bedienen braucht. Die strategisch verteilten Grünpflanzen hüllen den nüchternen Maschinenpark geschickt ein.

Wandverspiegelung, Stahlrohrmobiliar und anmutige Grünpflanzen in praktischen Hydrokulturen, eine Einrichtung, die sich kaum mehr unterscheidet von der, der man in neumodischen Cafés und Bistros huldigt. Cleanem Outfit begegnet man in den Discotheken des trendsicheren Baghwanimperiums ebenso wie in den Tempeln der neuen Eleganz: Und hier wie dort, in Gastronomie wie in Sportcentren, wird man auf einen ähnlichen Menschenschlag treffen – eine sich mit Aufsteiger-Symbolen kennzeichnende Mittelschicht, die bereit ist, für ihr Freizeitvergnügen tiefer in die Tasche zu greifen, wenn nur das Ambiente stimmt.

Für Augenblicke fühle ich mich in der rundweg sauberen Umgebung an unvergessene Momente eigener Sportlertristesse in Handball- oder Fußballvereinen erinnert: die Standpauke der gesamten Mannschaft, wenn man in aussichtsreicher Position die Möglichkeit des Treffers versiebt hatte, der die Meisterschaft hätte entscheiden können; diese ewige Rechenschaft, warum man nicht zum letzten Training erschienen ist; ganz zu schweigen von der muffigen Atmosphäre im Vereinsheim, in die man nach mancher Schlammschlacht entlassen wurde, um bei Frikadellen und Malzbier jeden Spielzug dutzendfach noch einmal durchzukauen. Und wie war das noch beim Schulsport, mit seinen unzähligen Peinlichkeiten, seinem unnachgiebigen Drill. »In Riegen Aufstellung nehmen!«, glaubt man noch einmal das autoritäre Organ des Sportlehrers durch karge Turnhallen zu befehlen hören, bevor drei, vier Verschreckte zum Aufbauen des Stufenbarrens abkommandiert werden und später zwei weitere zur Ableistung der Hilfestellung.

Wenn die Philosophie des TIFFANY und der landauf landab entstandenen Fitneßcenter mit Althergebrachtem aufräumen will, dann vor allem mit der abschreckenden Vorstellung, sportliche Betätigung sei untrennbar verknüpft mit Gruppenzwang und Autorität. Das Personal des TIFFANY setzt sich aus jungen dynamischen Mitarbeitern zusammen, die nicht befehlen, sondern höchstens beraten, wenn es an der Innenschenkelmaschine einmal nicht klappen will. Sie treten als aufmerksame Animateure auf, die die Stimmungen und Launen ihrer

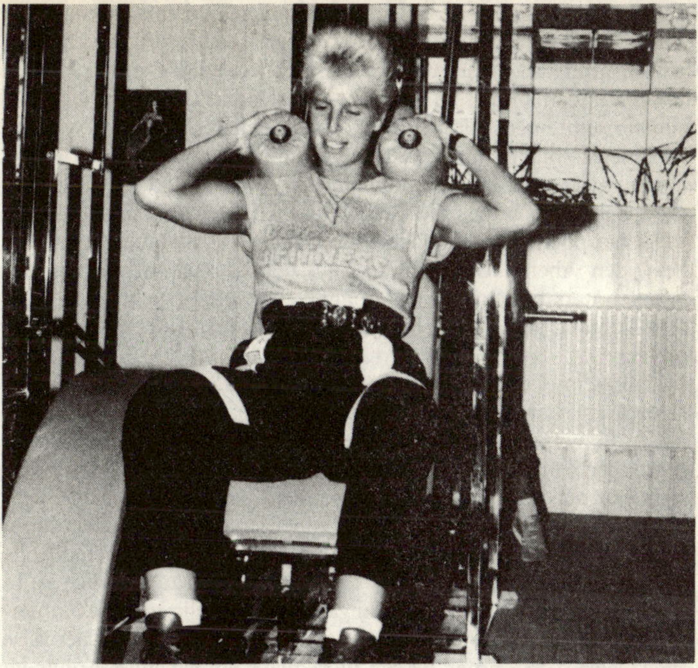

Kundschaft erspüren und diese ins Positive wenden, wenn es nötig ist. Miesepetrigkeit hat in den Fißneßstudios keinen Platz und ist unerwünscht. Keinen Zwang, keine Verbindlichkeiten, kein angestrengtes Gewichtestemmen will die Geschäftsführung des TIFFANY in ihren Studios sehen. Jeder soll in ihnen frei sein zu tun, was ihm beliebt. Jedes Gramm an der Kraftmaschine soll der Kunde mit dem Bewußtsein absoluter Freiwilligkeit stemmen. Und das Center läßt keine Gelegenheit aus, um sich als ungezwungener Vergnügungstempel zu geben, in dem »freie Wahl« als quasi elementares Naturgesetz vorherrscht.

Der angebotenen Unverbindlichkeit entspricht längst eine gelassene Grundhaltung der Fitneßkunden bei der Ausführung der Übungen. Kaum einer, der von stürmischer Erwartung oder unter psychischer Anspannung im Fitneßcenter erscheint, wie es einst bei wichtigen meisterschaftsentscheidenden Vereinsereignissen der Fall war.

Eher läßt man die Dinge auf sich zukommen. Wenn es an manchen Tagen mit dem Leistungswillen einzelner Fitneßsportler nicht weit her ist, führt das nicht zu schlechtem Gewissen. Einer, der zu den ersten Kunden an diesem Tag zählte, schlendert zur Bar in die Ecke hinüber, um einen »Fißneßdrink« zu bestellen. Der Blick wandert die Spiegel entlang und durch den Raum. Etwa ein Dutzend Kraftsportler gehen ihrem Freizeitvergnügen nach. An den Maschinen allerdings ist höchstens die Hälfte zu sehen. Der Rest findet sich zu Kleinstgruppen à zwei oder drei Personen zusammen, plaudert, plant den Abend. Die größere Zahl der Kunden ist miteinander bekannt und befreundet, an Sommerabenden besucht man nach dem Training gemeinsam Biergärten und Cafés in der Kölner Umgebung.

Daß es im Center nicht langweilig wird, ist durch die ständigen Neuzugänge garantiert. Das TIFFANY hat eine ideal besetzte Kundschaft, Frauen und Männer stehen sich in ungefähr gleicher Anzahl gegenüber. Für 70 Mark im Monat spekuliert manch einer oder eine nicht nur auf körperliche Fitneß, sondern auch auf unkomplizierte Partnervermittlung. In den schicken Fitneßzentren spielen die traditionellen sportlichen Leistungsvorstellungen und Leitbilder keine Rolle mehr. Sie sind eher mit Discotheken oder Kneipen zu vergleichen: In ihnen gibt es Freiräume für den ungezwungenen Flirt und die Partnersuche. Und fast nebenbei kann man an Ort und Stelle praktischerweise auch gleich dem Körper, dessen Attraktivität ein wichtiges Argument beim gegenseitigen Kennenlernen ist, nach vorherrschenden Idealvorstellungen formen.

Die Bar ist die eigentliche Zentrale des Sportcenters. Sie befindet sich unmittelbar im Übungsraum, eine Trennung von Training und aufgelockertem Flirt existiert schon räumlich nicht. Ein Überblick über die Geschehnisse am Tresen bleibt für jeden Trainierenden gewahrt. Mühelos läßt sich ein Gesprächsfaden spinnen, ein Flirt zwischen Oberschenkeltraining und Bauchmuskelarbeit einschieben. An der Bar herrscht ein Kommen und Gehen. Zu Spitzenzeiten, wenn sich die anwesenden Sportler untereinander gut kennen, steht man fast Schlange am Ausschank.

Der lockere Umgangston in der Gruppe bezieht mich nun mit ein, der ich als Neuankömmling im Center unbekannt bin. Bekanntschaften scheinen sich im Fitneßcenter weit müheloser knüpfen zu lassen, als in der Kneipe, der Universität oder auf der Arbeit.

Dann nehmen die Ereignisse an diesem Nachmittag eine Wendung. Eine attraktive Mittvierzigerin, die noch fitter, noch jugendlicher aussehen möchte, bekommt die Meßelektrode ins Ohr geklemmt. Bei der verhältnismäßig schlappen körperlichen Leistung von 50 Watt, die gerade mal eine Glühbirne flackern ließe, läuft das solariengebräunte Gesicht puterrot an. Gnadenlos macht die Digitalanzeige im Lenkrad des Ergometer-Fahrrads klar, daß »die Neue« das für sie ausgearbeitete Fitneßprogramm auf niedrigstem Niveau starten muß. Wie ein verunsichertes Kaninchen sitzt die Blondine mit der Ponyfrisur wenig später eingeklemmt in der Armcurls-Apparatur. Der Trainer beobachtet jede ihrer Bewegungen, hilft hier und dort und versucht unsachgemäßes Zerren und Reißen an den Maschinen im Keim zu ersticken.

Später, so haben die Erfahrungen im TIFFANY gelehrt, möchten die Kunden lieber ihre Ruhe haben. Dann bewegen sie sich anfangs noch mit ihrem Trainingsplan, auf dem die zu absolvierenden Übungen, die Anzahl der Wiederholungen und die aufzulegenden Gewichte verzeichnet sind, von Gerät zu Gerät. Auch für die blonde Frau im

porentief reinen Trainingsanzug ist der unangenehmste, weil mit Kontrolle verbundene Tag dann längst vergessen. Das ist der große Vorteil der hochstandardisierten Übungen der Fitneßstudios zwischen Aurich und Zwiesel: Selbst der hoffnungsloseste, steifgesessene Büromensch beherrscht die monotonen Bewegungsabläufe in kürzester Zeit wie im Schlaf. Es gibt keine komplexen, schwer zu koordinierenden Körperübungen. Das stupide Schieben und Ziehen an Apparaturen muß weder besonders graziös aussehen, noch in Zusammenwirken mit anderen Kunden ausgeführt werden. Das senkt die Schamgrenze bei den Anfängern auf ein Minimum.

»Die Frauen würde ich mal als den klassischen Arzthelferinnen-Typ darstellen«, schätzte Trainerin Bettina die Lage nüchtern ein. »Die haben seit der Schule keinen Sport mehr getrieben. Viele kommen dann mit dem Standardsatz: ›Ich muß jetzt endlich mal was tun!‹ Die Einstufung auf dem Testrad nimmt man dann ganz nach Gefühl vor und schätzt ab, wie stark jemand belastbar ist. Wenn bei 50 Watt der Puls hochschnellt, ist klar, was los ist!« Bei der weiblichen Kundschaft steht noch immer die Figur, die Beseitigung von sogenannten Problemzonen, im Vordergrund des Übungsfleißes.

Den Männern hat die Geschäftsführung beim Gewichtestemmen klare Grenzen gesetzt; im TIFFANY findet man keine der aus dem klassischen Gewichtheben bekannten Langhanteln. Mehr noch als die Verletzungsgefahr fürchtet das Management, mit den Schwerstgewichten ein Publikum anzuziehen, das nicht so recht zum Relaxing-Konzept des Hauses paßt: die eher polternden, Kraftschreie ausstoßenden und unter Zentnern ächzenden Bodybuilder. Schwarzenegger-Aspiranten verzichten erfahrungsgemäß mit müdem Lächeln auf eine Mitgliedschaft, wenn sich beim ersten Rundgang durch das Studio herausstellt, daß die wuchtigen Hanteln nicht zur Ausstattung des TIFFANY gehören.

Dennoch gibt es im TIFFANY auch Außenseiter, die von der jungdynamischen Linie des Centers abweichen. Trainingsbesessene werden schnell als Sonderlinge abgestempelt und schräg angesehen. Gegenüber der Bar bezieht einer von ihnen unmittelbar vor dem Spiegel Position. Einsam und unbeirrt zieht der Kraftmensch im Muscle-Shirt seine Kurzhantelübung durch, unterbrochen nur durch den einen oder anderen isotonischen Power-Drink an der Theke. Der Mann steht dicht neben mir und trinkt eine klare Flüßigkeit aus einem schlanken Glas. Im Gegensatz zu den anderen Kunden nimmt er mich nicht wahr. In den Erfrischungs-Intermezzi huscht kaum eine Regung über das schweißnasse Gesicht des Mannes. Kein Wort, das an die immer noch um den Tresen gruppierten jüngeren Leute gerichtet wäre, kommt über seine Lippen. Dann wieder das Hanteltraining vor der Spiegelwand. Die Beine sind leicht angespreizt, unter dem Empordrücken der Gewichte pumpen sich die Armmuskeln zu prallen Ballons auf, deren Wechselspiel der stämmige Mann wie gebannt im Spiegel verfolgt.

Von der Theke aus beobachte ich eine weitere Variante des Außenseitertums. An den Beincurls arbeitet ein bärtiger Fitneßsportler, Mitte Vierzig, der in den ersten Tagen nach seiner Anmeldung Gesprächsthema Nummer Eins im Center war. Anlaß des Geredes waren die stoßhaft hervorgebrachten Schreie des Mannes, die die entspannende Ruhe im TIFFANY erheblich störte. Das Personal machte dem Großstadt-Tarzan schließlich klar, das seine kehligen Laute die moderate Klangkulisse stören. Seitdem herrscht wieder Stille im TIFFANY. Doch auf dem Gesicht des nun stummen Kraftsportlers zeichnen sich immer noch die gleichen Anflüge von muskelzerfetzender Arbeit an den Geräten ab. Das stört niemanden mehr. Im Gegenteil: Heute belächelt man den grimassierenden Fitneßsportler nur noch.

Auffällig noch eine weitere Trennlinie, die mitten durch die Fißneßgesellschaft im TIFFANY läuft, die Generationsgrenze. Die jüngeren Kunden – viele sind Studenten der Universität Köln – bleiben unter sich. Die Generation um die Vierzig führt jenseits davon ein Schattendasein, will wohl auch nicht mehr in die Cliquen-Vergnügungen der Mittzwanziger eingebunden sein. Dazu ist man wohl zu alt.

Unsere Kunden wollen bezahlen, nutzen und wieder gehen

Gespräch mit Inhabern eines Fitneßstudios

Können Sie uns schildern, wann und aus welchen Gründen das Sportcenter OLYMPIC von Ihnen gegründet worden ist?

Frau Fritz: 1978. Wir sind dazu gekommen, dadurch daß wir selbst Karate betrieben haben. Wir wollten eigentlich ein Karate-Studio eröffnen, haben das auch getan. Wir haben aber damals gemerkt, daß die Fitneßwelle daneben bestehen kann. Wir sind jetzt dazu übergegangen, überhaupt kein Karate mehr zu unterrichten, sondern nur noch Bodybuilding zu verkaufen.

Sie bieten gar nichts mehr anderes an, auch kein leichteres Fitneßtraining, z. B. Aerobic oder Stretching?

Frau Fritz: Leichteres Fitneßtraining würde ich noch mit einschließen. Unter leichterer Fitneß würde ich ein Training verstehen, wo man nicht mit schweren Gewichten arbeitet, sondern sich ein bißchen weniger anstrengt und hinterher ein bißchen Fahrrad fährt.

Wie hat sich denn seit 1978 die Nachfrage für die von Ihnen angebotenen Aktivitäten entwickelt?

Frau Fritz: Also ständig steigend. Wobei natürlich der Konkurrenzkampf in den letzten zwei, drei Jahren doch erheblich zugenommen hat. Wir versuchen natürlich alle, nebenbei noch irgend etwas zu bringen, mit erweiterten Öffnungszeiten, Service oder mehr Personal.

Gehört zu dem erweiterten Service auch die Bar, in der Sie unter anderem Fitneßnahrung und Getränke anbieten?

Frau Fritz: Ja, das ganz sicherlich. Aber die Bar ist eigentlich mehr dazu da, um die Kommunikation zu fördern. Ähnlich wie in der Sauna, wo man sich halt unterhält oder auch im Trainingsraum. Die Leute wollen sich zumindest grüppchenweise kennen, die wollen sich wiedertreffen, ganz locker im Gespräch sein. Das zum einen. Auf der anderen Seite macht das Training natürlich auch Durst.

Wie würden Sie Ihre Kundschaft charakterisieren? Was machen die Leute beruflich, sind viele Studenten darunter?

Herr Fritz: Alles. Alle sozialen Schichten. Das kann man nicht auf eine bestimmte Schicht festlegen.

Frau Fritz: Alle Kategorien, vom selbständigen Kaufmann bis zur Hausfrau. Wobei die Hausfrauen relativ selten vertreten sind, was mich eigentlich sehr wundert. In der Regel sind es Frauen in den mittleren Jahren, so um die Dreißig, die halbtags berufstätig sind. Dann geben sie natürlich bei uns ihre Halbtagstätigkeit an.

Und die Altersgruppen sind auch in der ganzen Breite vertreten?

Frau Fritz: Ja. Aber erst in den letzten Jahren. In den früheren Jahren war es noch so, daß es hauptsächlich Jugendliche waren, so bis 25 Jahre. Und jetzt haben wir Kunden bis zum Alter von 55 Jahren.

Herr Fritz: Wobei der Schwerpunkt bestimmt so zwischen 25 und 40 liegt.

Wie hat sich der Frauenanteil Ihres Kundenkreises in den vergangenen Jahren entwickelt?

Frau Fritz: Von achtzig bis fünfundachtzig war ein richtiger Anstieg bei den Frauen festzustellen, jetzt ist ein Niveau erreicht, das gehalten wird. D. h. 40 Prozent Frauen, 60 Prozent Männer. Weil jetzt nämlich die Frauen erkannt haben, daß sie dafür arbeiten müssen. Es wurde wahrscheinlich durch die Presse so aufgebauscht, daß die Frauen dachten, Zellulitis geht im Liegen weg, so à la Slenderton. Und es geht nun mal nicht im Liegen weg, die müssen hier wirklich ernsthaft arbeiten. Und das, was sie teilweise hier machen, ist halt immer noch Null, es ist nichts wert. Für ihren Körper ist das immer noch zu wenig.

Herr Fritz: Bei den Frauen kann man oft schon beim ersten Kontakt abklären, daß die falsche Vorstellungen haben. Weil immer erst der Satz kommt: »Ich muß erstmal sehen, ob mir das Spaß macht.« Das ist eigentlich ein völlig falscher Ansatz und macht natürlich erst mal keinen Spaß. Das tut ziemlich weh, ist äußerst anstrengend, ist also erst mal unangenehm. Den Spaß würde ich ganz an den Schluß setzen. Irgendwann macht es natürlich Spaß, wenn man drin ist. Aber zu Anfang ist Spaß sicherlich der falsche Motivationsansatz. Mir persönlich würde Fußball oder irgendwelche Ballspiele mehr Spaß machen. Aber vom Verstand, vom Intellekt weiß ich, daß mir das Training hier gut bekommt auf die Dauer. Ich bin Mitte Dreißig und immer noch relativ gesund. Das ist also vernünftig. Genauso wie Zähneputzen vernünftig ist. Ob das nun Spaß macht, ist eigentlich gar nicht die Frage. Es ist vielen Leuten eher lästig. Neulich erst hat man gelesen, wie wenig Zahnpasta verbraucht wird.

Wie motiviert man einen Anfänger?

Frau Fritz: Zuerst macht der Interessierte eine Probestunde, dann wird ihm das Ganze mal gezeigt, auszugsweise werden mal ein paar Maschinen ausprobiert. Dann schreibt der Trainer das Trainingsprogramm, d. h. er schreibt dem Neuling auf, welche Übungen er machen soll, in welcher Reihenfolge, mit welchen Gewichten, wie häufig. Er nimmt Maß, außerdem wird das Körpergewicht festgehalten und die Körpermaße. Dann kann der Kunde selbst beobachten: »Habe ich Erfolg oder nicht?« Das Erfolgserlebnis ist ganz wichtig. Wir haben Trainingskarten angelegt, wo man die Gewichte eintragen muß, mit denen man hantiert, damit man selbst einmal nach vier Wochen sehen kann, jetzt hab ich einen richtigen Fortschritt gemacht. Das gehört alles zur Motivation, denn es ist schon sehr schwer, über lange Zeit gleichmäßig zu trainieren. So nach zwei, drei Monaten, wenn dieser Anfangserfolg nachläßt, wenn die Leistung ein bißchen stehenbleibt, dann setzt die schwierige Phase ein. Die schwerste Zeit ist erfahrungsgemäß die Zeit zwischen dem dritten und dem sechsten Monat. Wenn man aber ein halbes Jahr regelmäßig trainiert hat, dann bleibt man auch dabei. In der Regel über Jahre.

Wie hoch ist denn die Fluktuation? Sagen wir von hundert Leuten – wieviele bleiben?

Herr Fritz: Schwer zu sagen. Ich würde schätzen 50 Prozent.

Womit erklären Sie sich den großen Zulauf für die Fitneßcentren in den letzten Jahren und die Tatsache, daß die Leute nicht mehr in Handball-, Fußball- oder andere Vereine gehen?

Frau Fritz: Die Vereine sind zu unflexibel. Die haben feste Trainingszeiten, deswegen sind wir da ein starker Konkurrenzbetrieb. Wir haben schon zwölf Stunden am Tag geöffnet; in Amerika kann man 24 Stunden am Tag trainieren.

Herr Fritz: Die Struktur ist einfach eine ganz andere. Man muß die Vereinsstruktur in Deutschland sehen. Der Verein hat in Deutschland eine relativ lange Tradition, diese Strukturen haben sich in den letzten siebzig, achtzig Jahren nicht sehr viel verändert. Das Freizeit- und auch das Konsumverhalten der Leute hat sich in den letzten zwanzig Jahren aber ganz extrem verändert, so daß inzwischen gewisse Differenzen entstanden sind, die wir heute gewiß besser abdecken können als ein Verein. Und wenn man die personelle Struktur nimmt, dann sind es meist ältere Leute, die noch das Vereinsleben pflegen. Davon wollen die Kunden hier nicht so stark berührt werden. Die möchten nicht noch in irgendeine Vereinsarbeit miteinbezogen werden. Die wollen bezahlen, nutzen und wieder gehen. Alles andere hat das Management zu übernehmen. Dafür wird es bezahlt.

Frau Fritz: Ich persönlich würde auch denken, wenn ich in solch einen Verein gehe, daß von mir da Leistung gefordert wird. Wenn ich also in einer Mannschaft spiele, aber auch, wenn ich eine Einzelsportart betreibe, dann soll ich ja irgendwie auch was bringen. Hier ist es hingegen egal, ob man hundert oder zweihundert Kilo auf der Bank drückt. Und außerdem: das Training hier kann ich auch noch mit 45 beginnen. Da krieg ich dann keinen Frust und denke: »O Gott, das sind ja nur junge Leute.« Ich kann das Tempo hier alleine bestimmen, da steht keiner mit der Trommel und sagt, ich muß jetzt noch eine Runde rennen. Wenn ich das mit meinem Alter nicht mehr schaffe, dann trete ich auf dem Rad halt mit einem leichteren Widerstand.

Gibt es dennoch Wettbewerb im Fitneßstudio?

Frau Fritz: Ja. Untereinander existiert auch sehr stark so was wie Wettbewerb, selbst wenn der Kunde zu uns kommt, um alleine zu trainieren. Es gibt Männer, die sagen sich, wenn sie andere Kunden sehen: »Mensch, der sieht ja viel dünner aus als ich, schafft aber mehr. Das kann ja irgendwie nicht gehen, das muß ich doch auch mal versuchen.« Bei den Frauen genauso: die spornen sich gegenseitig an. Gukken sich auf die Scheiben: »Wieviel hat die dran?« Mann gegen Frau kommt dann auch irgendwann einmal. Wenn die Frau nämlich schön kräftig ist und der Mann ein Anfänger, dann bekommt der den Schock seines Lebens. Also, da kriegen wir auch ein bißchen was von mit.

Sind die Leute, die zu Ihnen kommen, bereits anderweitig sportlich aktiv oder handelt es sich um absolute Anfänger?

Herr Fritz: Die Leute, die zu uns kommen, machen in der Regel überhaupt nichts sportlich. Es ist also ein gewaltiger Fortschritt, daß sie sich dazu durchgerungen haben, hier mal irgendwo dran zu ziehen, mal ganz vorsichtig anzufangen. Wenn wir die auf das Fahrrad setzen, ist nach zwei, drei Minuten meistens Schluß. Die müssen erst mal über Jahre anfangen, einen Grundstock körperlicher Leistungsfähigkeit zu erzielen, um irgendwann mal einen vernünftigen Waldlauf machen zu können.

Frau Fritz: Hier im Studio schaffen sie garantiert das ganze Programm einmal durch. Es gibt keinen, der das vorher abbrechen müßte, es sei denn, er hätte eine halbe Stunde vorher gegessen. Normalerweise kann das jeder Anfänger durchziehen. Man kann die Gewichte so leicht einstellen, daß er es schafft. Und das ist ja schon einmal ein Erfolgserlebnis.

Verliert man aber nicht auch ein wenig an Lebensqualität, wenn man hier so hart trainieren muß und sich zudem recht spartanisch und teilweise mit Aufbau- und Ersatzstoffen ernähren muß?

Frau Fritz: Worin besteht die Lebensqualität? In zwanzig Zigaretten am Tag? Oder drei Whisky abends? Ab und zu haben wir ja nichts dagegen . . .

LAUFEN

Die Läufer . . .

Name: Reneé
Alter: 22 Jahre
Beruf: Angehende Krankengymnastin

»Durch einen Bekannten, der im gleichen Haus wie ich wohnt, habe ich mit dem Laufen angefangen. Dieser Bekannte läuft Marathon und trainiert richtig auf Zeit. Er kam einfach vorbei und hat gesagt: ›Läufste mal mit!‹ Wir haben einen Tag in der Woche ausgemacht, um regelmäßig zu laufen. Von Anfang an waren wir voll motiviert, weil wir mal fünf, mal zehn, mal zwanzig Minuten länger gelaufen sind.

Nach zwei Monaten sind wir schon auf einstündige Läufe gekommen. Dann wollte ich mehr trainieren, nicht nur einmal die Woche laufen. Nur dann hat man einen Trainingseffekt. Der Bekannte sagte auch zu mir: ›Beim Laufen lernt man seinen Körper kennen, man muß einfach mal seine Grenzen kennenlernen.‹ Durch seine überzeugende Art, davon zu sprechen, hat es dann bei mir gefunkt. Bei mehrmaligem Trainieren merkt man auch, daß man besser wird, daß man längere Zeit laufen kann und mehr Kondition kriegt. Vor allen Dingen macht mir das Laufen aber Spaß.

Dazu kommt, daß ich den Beruf der Krankengymnastik gewählt habe, bei dem man selber ein gutes Vorbild sein muß und seinen Körper einfach kennen muß. Jeder hat seine Schädigungen. Z. B. dadurch, daß man immer sitzt, hat man Wirbelsäulenschwächen, Rückenschmerzen und Verspannungen. Durch den Sport kannst du genauso Verletzungen erleiden. Wenn so etwas passiert, ist das interessant, weil man dadurch die Schwachstellen am Körper kennenlernt. Man weiß, wie man sich belasten kann und welche Wirkungen das Laufen auf Asphalt auf den Körper hat.

Meine nächsten Ziele: Ich habe bisher an keinem Wettkampf teilgenommen, möchte aber zuerst mal bei einem 25-Kilometer-Lauf und im Herbst beim Berlin-Marathon starten.«

Name: Claus
Alter: 34 Jahre
Beruf: Maschinenschlosser

»Beim ersten Stadtmarathon in Berlin stand ich an der Strecke und dachte nur: ›Das könntest du ja auch mal machen.‹ In der Zeit habe ich noch geraucht und ziemlich ungesund gelebt. Das paßte alles irgendwie nicht zusammen. Ich bin dann ziemlich früh zum SCC gekommen, zu einer Laufgruppe. Dort habe ich mit erfahrenen Läufern, die das schon seit zig Jahren machten, trainiert und habe den Einstieg ins Laufen bekommen. Man kann beim Laufen soviele Fehler machen.

Zur Zeit liegt mein Laufpensum wegen der Marathonvorbereitung bei ca. 140 bis 200 Kilometern pro Woche, d. h. mindestens einmal täglich raus. Dafür bin ich manchmal auch schon morgens um sechs im Park gewesen. Meine Freundin läuft auch und wir trainieren viel gemeinsam. Außerdem leiten wir gemeinsam einen Lauftreff für Frauen.

Anfangs war das viele Training eine Quälerei, da war ich völlig kaputt. Heute ist es so, daß ich die größte Befriedigung aus dem Training habe, nicht aus den Wettkämpfen. Ich glaube nicht, daß man zum Laufen einen starken Willen braucht. Die Mehrzahl der Leute, die regelmäßig soviel trainieren, sind nicht ausgeprägte Willenstypen. Es sind alles mehr verkorkste Personen. Eigenbrötler zum größten Teil, Individualisten, nicht diese Power-Typen. Oftmals habe ich den Eindruck – auch bei mir selber –, daß das Laufen eine Flucht vor der Realität ist.«

Name: Günther
Alter: 29 Jahre
Beruf: Student

»Seit Juni hab ich sehr wenig trainiert, so wöchentlich 30 bis 40 Kilometer. Das ist verdammt wenig. Ich wünsche mir, daß ich mal ein paar Monate kontinuierlich trainieren kann. So um die 80 bis 90 Kilometer pro Woche. Zur Zeit machen mir Uni und Job ein größeres Laufpensum unmöglich. Trotzdem! Wenn ich um 22 Uhr von der Arbeit komme und merke, daß es kribbelt, dann laufe ich halt noch 11 Kilometer. Nachts laufe ich gerne. Ich kann dabei Aggressionen abbauen und laufe dann auch schneller.

1984 habe ich mit dem intensiven Laufen angefangen. Ich hörte von Bekannten, die sich für einen Marathon angemeldet hatten. Darüber habe ich nachgedacht. Und ich dachte: ›Das wäre doch mal eine Herausforderung.‹ Irgendwie brauchte ich eine Bestätigung. Dann begann ich mit dem regelmäßigen Training.

Es gab auch nach dem Marathon für ein paar Monate gar nichts anderes mehr. Das ist für mich ein neuer Lebensabschnitt gewesen. Danach wurde ich viel belastbarer, ich konnte besser schlafen, habe meine Eßgewohnheiten umgestellt.

Ich habe die Kraft gefunden, mein Leben zu ändern. Vielleicht kann man sagen, daß die Probleme durch das Laufen verdrängt werden. Sie sind in der Realität natürlich noch vorhanden, wenn ich an die Zukunft denke, an meine Ausbildung. Aber es ist leichter geworden, damit fertig zu werden. Andere Dinge haben sich völlig geändert. Dieses Gefühl der Einsamkeit, das ich mal hatte, ist verschwunden.

Ich bin auch optimistischer geworden. Bevor ich mit dem Laufen angefangen habe, bin ich viel in Discotheken gegangen, habe in Kneipen rumgehangen. Entsprechend bin ich auch viel später aufgestanden. Dann war der ganze Tag schon mehr oder weniger im Eimer. Man hat sich nur noch auf die Nacht konzentriert, wurde ein richtiger Nachtmensch. Seitdem ich laufe, hat sich auch einiges körperlich verändert. Ich kann es gar nicht mehr ertragen, stundenlang in verräucherten Kneipen herumzuhängen. Na sicher gehe ich schon mal weg. Aber es nervt schon, wenn man eine Stunde oder zwei in dem Mief dringhängt. Nicht nur das Laufen kann eine Droge sein, auch der Sauerstoff.«

. . . und ihre Laufstrecken

Ehrgeiz, der nicht krank ist!

Kilometer sieben. Reneé hat die zweite von drei Runden vollendet. Schneller Blick auf die Uhr, ohne das Tempo zu verringern: Knapp 39 Minuten, genau im Limit. Heute abend geht es gut. Der Rhythmus stimmt, die Atemzüge sind tief und gleichmäßig. Reneé spürt deutlich ihre Beinmuskeln. Sie nimmt deren unaufhörlich und präzise Arbeit wahr, Schritt für Schritt werden die Muskeln stärker. Reneé ist im »steady state«, ihr Körper verrichtet nun alle Bewegungsabläufe vollkommen automatisch und bietet der Läuferin obendrein ein faszinierendes Schauspiel: »Es ist spannend zu beobachten, wie sich der Kreislauf an die Muskelarbeit anpaßt oder umgekehrt, wie du atmest und dann wiederum nicht auf dich selbst konzentriert bist, sondern nur noch die Umgebung wahrnimmst. Das begeistert mich!«

Es ist ein Genußlauf heute abend, keine mühsam ertrotzte Trainingseinheit. Reneé trainiert für ihren ersten Wettkampf, den sie in den kommenden Wochen über eine Distanz von 25 Kilometern laufen will. Wenn die 22jährige eine Sache beginnt, dann macht sie sie auch intensiv. Egal, ob es dabei um Beruf oder Hobby geht. Doch wenn es ums Laufen geht, gibt es bei Reneé keine Trennung von Freizeit und beruflichem Alltag. Für die angehende Krankengymnastin ist es die Fortsetzung ihrer Ausbildung, eine Art praktischer Anatomie- und Physiologieunterricht, wenn sie ihre Runden im Park dreht. Erst dann wird sinnlich erfahrbar, was nüchterne Schautafeln und Lehrbücher in der Klasse eher trocken zu vermitteln versuchten.

»Im Winter hab ich drei- bis viermal die Woche trainiert. Bei 19 und 22 Grad minus, hab ich mich eingepackt und bin auf Asphalt gelaufen. Ich hab jedesmal acht Kilometer runtergezogen. Dann bin ich an meine Grenzen geraten, als ich während eines Laufes ganz blöde umgeknickt und trotzdem weitergelaufen bin. Danach hatte ich am oberen Sprunggelenk eine Reizung. Da war nichts mehr drin, ich konnte kaum mehr auftreten. Ich kam also auf meine Lehrer in der Schule zurück, die für uns einen Lauftreff organisiert hatten, und hab gesagt: ›Ja, verdammt, ich kann nicht laufen. Ich hab nicht die richtige Figur. Nichts!‹ Aber die haben mir gesagt, daß diese Sachen einfach auftreten müssen, damit man seinen Körper richtig kennenlernt. Wir sind darauf hingewiesen worden, daß wir froh sein könnten, diese oder jene Verletzung erleben zu können.«

Reneé ist nicht der Typ, der schnell aufgibt, wenn es Probleme gibt. Seit sie vor einem dreiviertel Jahr mit dem Laufen begann, hat sie trotz der Verletzungen nichts von dem früheren Enthusiasmus für diesen Sport verloren. Sie akzeptierte ihre Verletzung. Mit einem Muskelkräftigungsprogramm baute sie sich eine solide Muskelmanschette zur Entlastung des geschwächten Gelenks auf. Sie ging auch weiter zu den Lauftreffs, um mit erfahrenen Läufern in Kontakt zu bleiben.

»Teilweise bin ich gelaufen, hatte mir ein Ziel gesteckt und hatte auch Lust zu trainieren. Und dann mußte ich nach zwei Kilometern abbrechen. Nach primitiven zwei Kilometern! Wirklich wahr! Ich hab dagestanden, hab gehechelt, hatte überhaupt keine Lust mehr. Ich hab den ganzen Körper gespürt, hatte Seitenstiche. Es war nichts drin!« Aber auch Rückschläge innerhalb ihres Leistungsvermögens steckte sie gelassen weg. Das Argument, man habe im Berufsleben keine Zeit zu laufen, kennt Reneé, aber gelten läßt sie es nicht.

Wenn morgens der Wecker um halb sieben klingelt, springt Reneé aus dem Bett und unter die Dusche. Gerade findet sie noch Zeit für ein Müsli und eine Tasse Kaffee, dann sitzt sie schon in der fast museumsreifen weißen Ente, in der sie zur Arbeit jagt. Die Arbeit macht Reneé Spaß, auch wenn in der Ausbildung bereits selbständiges Handeln gefordert wird, als hätte sie seit langem den Abschluß der Krankengymnastin in der Tasche. Kommt sie gegen 18 Uhr nach Hause, ist sie selten müde und passiv, der Tag noch längst nicht zu Ende. Bald sitzt Reneé erneut in dem Auto und ist auf dem Weg zum Training.

»Es ist faszinierend, wie man das Laufen in den Alltag einbauen kann. So gelingt es, einen körperlichen und seelischen Ausgleich zu schaffen. Du kannst Aggressionen abbauen und nachdenken. Du wirst frei und hast hinterher Ruhe. Meine Konzentrationsfähigkeit hat sich auch gesteigert. Teilweise bin ich mit einem 4-Stunden-Rhythmus Schlaf ausgekommen.« Die Motivation war für Reneé von Anfang an keine Frage. Sie hatte sich selbst Ziele gesetzt und kontrollierte deren Erreichen durch ein Lauftagebuch. Darin verzeichnete sie Witterungsverhältnisse, Temperaturen. Eigene Rubriken richtete Reneé für Rükken- oder Gegenwind, Steigungen oder Gefälle ein. Natürlich wurden auch Zeiten und zurückgelegte Strecken registriert, dazu Schmerzen und Verletzungen.

Nun erst konnte Reneé wirklich vergleichen, ob und welche Fortschritte sie in den folgenden Wochen machte. Erst die Verletzungen im Winter rissen sie aus den Träumen. Den Start bei den 25 km von Berlin mußte sie abschreiben. Doch auch darüber kam Reneé hinweg. Schon begann sie, sich auf einen anderen 25-Kilometer-Lauf vorzubereiten, der nun endlich die ersehnte ihre Wettkampf-Premiere darstellen soll. In der Vorbereitung vertraut sie ganz auf ein selbsterarbeitetes Trainingsprogramm. Reneé will ›intermettierend‹ laufen: sie wird das Laufpensum auf drei 10-Kilometer-Läufe hintereinander steigern, die lediglich durch gymnastische Übungen unterbrochen werden. Den letzten Schliff sollen der Läuferin schließlich 100-Meter-Sprints auf der Aschenbahn geben.

Reneé glaubt, daß ein Laufwettbewerb unheimlich spannend ist. Nach dem ersten Lauf im Ziel anzukommen, stellt sie sich toll vor. Doch vor Wettkampfstreß will sie sich lieber hüten. »Ich bin gar nicht dafür, daß man alles zum Wettkampf oder Leistungssport ausarbeitet. Beim Laufen setzt du deine Zeiten selber und die sind dann für dich gut. Ich würde mir nie mies vorkommen, wenn ich nicht unter zwei Stunden oder so laufen würde. Beim Laufen gibt es einen Ehrgeiz, der nicht krank ist.«

Durch die Mauer

AM START

Die Szenerie erinnert entfernt an einen der zentralen Plätze von Florenz oder andere touristische Knotenpunkte in Paris, Venedig oder Sevilla in der Hauptreisezeit: An der zur Straße hin offenen Seite des Platzes der Republik vor dem Berliner Reichstag fischen Gruppenleiter mit in die Höhe gereckten Schildern ihre Schützlinge aus dem Menschengewirr. Auf den Schildern stehen meist kurze Bezeichnungen von Dienststellen, manchmal auch von Laufgruppen. Unter den Schildern sammeln sich Menschen mit aufgeregten, von der morgendlichen Kühle dieses Frühherbsttages gezeichneten Gesichtern.

Pendelbusse schaffen im Minutenturnus Sportler in modefarbenen Trainingsanzügen heran. Es ist acht Uhr, noch hüllt Morgendunst die historische Stätte in schier undurchdringliches Grau. Bei den angetretenen Sportlern auf der holprigen Wiese sucht man vergebens Spuren von Müdigkeit. Aufgeregtes Treiben, nervöse Erwartung. Kleine Gruppen drängeln sich zum Erinnerungsfoto aneinander und stieben zur Aufwärmgymnastik auseinander. Pärchen beru-

higen sich gegenseitig mit zärtlichem Händedruck. Nur noch eine Stunde bis zum Startschuß: Berlin Marathon 1986!

Während jeder der Läufer nervös mit sich selber beschäftigt ist, verdichtet sich die feingewobene Symbolik des Laufspektakels kontinuierlich zum wahren Kult. Gerade weht eine kräftige Brise des Aromas der übermäßig verabreichten Muskeltinkturen und Wunderwässerchen über den Startbereich. Eine gerade eintreffende Laufgemeinschaft verschwindet im Meer auf- und abwogender Arme und Oberkörper. Auf der Außentreppe des Reichstages turnt der Landessportbund vor und hunderte von Marathonteilnehmern zwingen sich mit Blei und Kälte in den Gliedern zu Rumpfbeugen und Streckübungen. Am Start sind tatsächlich alle Läufer gleich, ganz wie es der vielzitierte Marathonmythos suggeriert. Doch schon nach der Hälfte der Distanz wird sich das Bild gewendet haben.

Die Uhr zeigt 8 Uhr 45. Nur noch fünfzehn Minuten bis zum Start! Anstatt in den Toilettencontainer zu gehen, vor dem sich eine stattliche Schlange gebildet hat, schlagen sich Dutzende nervöser Läufer in die angrenzenden Büsche. Zum Einchecken drängt bereits eine gewaltige Menschentraube zu jener Stelle, an der in eigens errichteten Zelten die Startnummern kontrolliert werden. Hinter der rot-weißen Absperrung wird das Feld immer dichter. Mittendrin, im vorderen Drittel, steht Claus, der in den vergangenen Wochen diszipliniert auf eine Zeit von 2 Stunden und 30 Minuten hintrainiert hat. Es wäre Bestzeit und genau an der magischen Zweieinhalb-Stunden-Marke. Doch was käme danach? Claus weiß es jetzt schon. »Einmal 2 Stunden 22 Minuten schaffen.«

Die letzten Minuten vor dem Start sind angebrochen. Der letzte von 12 280 Startern ist in das metallumzäunte Feld geschlüpft. Auch er murmelt sich wie die Mitstreiter fast tonlos auswendiggelernte Zahlenkombinationen vor: Laufdurchschnitt pro Kilometer und Kontrollzeiten, die er für die 10-, 20-, und 35-Kilometermarke festgelegt hat. Marathonlaufen bedeutet eben nicht einfach loszupreschen.

Die Gesichter hinter der Absperrung sind angespannt, Augenpaare blicken leer in die Weite. Nur intuitiv nimmt das Feld den regierenden Bürgermeister Berlins wahr, der den Startturm erklimmt. Mit der rechten Hand richtet er die Pistole in den nun fast klaren Morgenhimmel. Startschuß! Das Echo des Knalls wird von den lostrommelnden Schritten der Läufer verschluckt. Der Boden bebt. Die Marathonmasse wälzt sich durch die Stadt.

KILOMETER 10

Olivaer Platz/Ecke Kurfürstendamm. Der Lauf hat gerade erst begonnen, die Gesichter strahlen Frische und Unverbrauchtheit aus. Und doch ist schon so manches Marathonschicksal an diesem Streckenabschnitt besiegelt. Wer hier an der Stelle, an der das Läuferfeld den Ku'damm erstmalig verläßt, den richtigen Rhythmus noch nicht gefunden hat, dem stehen harte Stunden bevor. In der Kurve balanciert die laufende Menschenschlange durch eine Straßenverengung. Die Atmosphäre ist erwartungsvoll gespannt; die laufenden Marathoner sind auf sich selbst fixiert. Die Wahrnehmung reicht gerade bis an die Hacken des Vordermannes. Jeder Schritt will mit Konzentration getan sein, um den Voranlaufenden nicht in die Fersen zu treten. »Bei den ersten zehn Kilometern versucht man den Rhythmus zu finden, du horchst in dich rein. Wenn es nicht so gut geht, erfährst du es sehr früh«, beschrieb Claus diese Phase des Laufs vor dem Rennen. Und genau diese Ungewißheit liegt spürbar in der Luft.

An der Strecke noch wenige Zuschauer. Berlin ist an diesem Sonntagmorgen noch nicht recht auf das Großspektakel eingestellt. Erst tief in Kreuzberg wird das Zuschauerinteresse zunehmen und die von Cityläufen gewohnte Volksfeststimmung aufkommen. An den Straßenrändern werden Blaskapellen den ersten Müden wieder Mut machen oder Trommlerensembles mit peitschenden Rhythmen dem Laufvolk einheizen. Dann wird es lebhaft werden. Faszination Großstadtmarathon! Türkische Familien werden weit hinausgelehnt in Altbaufenstern hängen. Obwohl es kaum möglich ist, einzelne Läufer aus der unüberschaubaren Masse herauszufiltern, halten sie Bilder erfolgreicher türkischer Marathonläufer in die Höhe, um ihre Landsleute anzufeuern. Der Klang, der in den Fenstern stehenden Transistorradios wird schließlich lauter. Aus ihnen schallt die Live-Übertragung der »Marathonwelle«. Das sich vorranwälzende Feld wird sich noch einmal während des Laufs der Wichtigkeit des Ereignisses, an dem man aktiv teilnimmt, bewußt.

Ein marathonerfahrener Läufer hat vor dem Start erzählt: »Die Citymarathons sind eine einzige große Bühne. In New York stehen hunderttausende von Zuschauern, die einen förmlich ins Ziel klatschen, treiben, peitschen. Aufzugeben, ist so gut wie unmöglich, die erlauben es auch gar nicht. Nach 15 Kilometern ging es mir nicht so gut. Ich mußte anhalten und eine gymnastische Übung für mein Bein machen. Da kam ein Schwarzer aus der Menge, beugte sich zu mir herunter und sagte: ›Work it out, man . . . Work it out!‹ Ich sagte: ›Okay, okay‹ und bin sofort weitergelaufen. Das war in der Bronx.«

KILOMETER 29

Botanischer Garten. Die Mauer. Hier in der Nähe muß sie sein. Die Rede ist nicht von der Mauer, die Ost- von West-Berlin trennt. Hinter Kilometer 29 wartet auf die Teilnehmer eine ganz andere Wand, deren Überwindung unglaublich schmerzhaft sein kann, aber auch mit tiefem Lustempfinden verbunden ist. Kurz hinter dem Botanischen Garten sind die letzten Energien aufgebraucht und der Körper schaltet auf Verbrennung der eigenen Fettreserven um. Die Schmerzen beginnen. Wer an diesem Streckenabschnitt noch Freude in den Gesichtern der Läufer sehen will, steht vergebens am Straßenrand.

Claus weiß als erfahrener Läufer, was ihn auf den letzten Kilometern erwartet. »Man kann in dem Bereich noch laufen, wenn die natürlichen Kraftreserven aufgebraucht sind und du nur noch auf Fettstoffwechsel läufst. Die Leber gibt die Reserven nur sehr zögernd raus. Das tut weh. Du brauchst auch mehr Sauerstoff. Du kannst aber noch laufen. Das Problem ist nur, ob du bereit bist, den Schmerz zu ertragen.«

Nun erreicht Claus im vorderen Läuferfeld den 29-Kilometer-Punkt. Er ist bereits weit hinter der Zeit zurückgeblieben, die er benötigen würde, um die angestrebte persönliche Bestzeit zu laufen. »Ich habe jetzt den Wettkampfgedanken weggesteckt. Die Beine waren schon sehr früh steif und jetzt will ich nur noch meinen Spaß haben.«

Ohne sichtliche Anstrengung läuft Claus den Kilometerschnitt von wenig mehr als dreieinhalb Minuten Richtung Ziel weiter. Er atmet ruhig und lang, sein Gesichtsausdruck ist entspannt. Auch die Läufer in seiner unmittelbaren Nähe zeigen kaum Anzeichen physischer Zermürbung. Sie werden nach ungefähr 2 Stunden 40 Minuten das Ziel am Kurfürstendamm passieren.

Lange nachdem diese Gruppe vorüber ist – es dauert weitere dreißig bis vierzig Minuten –, erreicht das breite Hauptfeld den kritischen Punkt im Bezirk Zehlendorf. Wie sich die Gesichtsausdrücke gewandelt haben! Blutig aufgeriebene Brustwarzen gehören jetzt ebenso zum Bild wie bis aufs rohe Fleisch durchgescheuerte Oberschenkel. Verzerrte Mienen! 5000 Läufer stampfen in der nächsten Stunde am Kilometer 29 vorbei. Flüche, Hoffnungen und Ängste im Kopf. Aufgeben? Unmöglich! »Mit den Kilometern kommt die Frage: ›Bist du eigentlich doof? Warum machst du das alles?‹«, sagt später eine Läuferin. »Am liebsten würdest du aufhören, traust dich aber nicht.«

Und so geht es eben weiter Richtung Ziel. Jeder Atemzug wird zu schmerzhafter Arbeit, Schmerz breitet sich im ganzen Körper aus. Wer jetzt nicht durchhält, wird es nicht erleben. Er wird nicht an dem Hochgenuß teilhaben, der tausende immer wieder zur laufenden Tortur treibt. Denn erst, wenn es nicht mehr weiterzugehen scheint, bricht die Mauer: Endorphine werden im Haupthirn freigesetzt. Das Hormon wirkt einige Male stärker als Morphium und erzeugt den sprichwörtlichen Laufrausch. Endorphine beseitigen auf den letzten Kilometern jeden Schmerz und machen das Laufen zur Sucht, die Leiden zur Lust.

KILOMETER 35

Pacelliallee. Claus joggt vorbei. Wie geht es ihm? »Ah, die Beine sind etwas steifer. Das bleibt nicht aus. Ihm geht's genauso wie mir. Wir haben uns unterwegs getroffen und beschlossen, locker weiterzujoggen. Dann trafen wir den Berliner Meister, der hat heute auch einen schlechten Tag erwischt. Wir haben ihn also auch gleich aufgesammelt. Wir sind jetzt eine Gruppen von Leuten, die nur noch ankommen will.«

Bei der kleinen Läufergruppe gibt es kein nervöses Taktieren oder quälerische Überholmanöver. »Heute ist der Wurm drin. Damit muß man rechnen, daß es manchmal schlecht läuft. Ich bekomme deshalb keine Depressionen. Außerdem: Wir wollen jetzt nur noch den Lauf genießen, den Kurfürstendamm erleben und dafür möchte ich auch noch aufnahmefähig sein.« Und danach? »Wir haben uns alle für hinterher im Zielbereich verabredet, da möchten wir zusammen ein Bier trinken.«

Schließlich kommt das Hauptfeld an, jene Marathonmasse, in der man keine Gesichter mehr identifizieren kann. Kollektiver Erschöpfungszustand. Die Körper sind geschunden, ermattet, niedergerannt. Am Kilometer 35 hat die Physis ihre bittere Lektion gelernt.

IM ZIEL

Als der Reporter das Ziel erreicht, ist Claus schon längst beim Bier. Die ankommende Läufermasse drängt unaufhörlich wie eine Flutwelle ins Ziel. Nach drei bis vier Stunden beenden über 6000 Teilnehmer das Rennen, jede Sekunde notiert die Zeitnahme zwei Startnummern. Ein ewiges Kommen, an dem das Publikum schon längst das Interesse verloren hat. Anonym schieben sich die Finisher über den Zielstrich. Einzig die extrem torkelnden oder sich übergebenden Ankömmlinge erfahren noch besondere Aufmerksamkeit seitens des Sanitätspersonals. Die Organisation ist auch in diesem Punkt perfekt. Bis zum Zusammenbruch erschöpfte Läufer werden von Sanitätern abgefangen. Durch dieses Sortierverfahren bleibt eine zügige Abfertigung in den sechs Einlaufgassen gewährleistet. Die Schlacht ist geschlagen!

Zehn Schritte hinter der Ziellinie wird Spezialfolie verteilt, die die Teilnehmer vor zu schnellem Auskühlen schützen soll. Metallisches Klappern kündigt bereits von Ferne die im Vorübergehen durchgeführte Medaillenvergabe an. 550 Kilo Metall werden insgesamt überreicht. Die Rosenkavaliere des Veranstalters empfangen die Marathondamen zusätzlich mit Kuß und Rose.

An einem Absperrungsgitter fällt sich eine wiedervereinte Familie in die Arme. Papa hat's geschafft und der jüngste Sproß wird zu dem tapferen Läufer über das rot-weiße Gitter gehievt. Mutti lächelt stolz den

medaillengeehrten Gatten an, der entkräftet den Benjamin auf den Armen hält. Das Kind faßt dem Papa ins schweißnaße Haar. Gesprochen wird kaum. Es ist ganz genau wie ein euphorischer Marathoner vor dem Lauf gesagt hatte: »Nach einem Marathon nimmt man alles ganz anders wahr. Ich bin unheimlich geruchs- und geräuschempfindlich. Das ist kein Desinteresse gegenüber der Umwelt, keine Gleichgültigkeit ... Also im Ziel ... Da bist du einfach – das ist toll – entspannt, locker, erschöpft.«

ES GIBT KEIN ZIEL, ES GIBT KEIN ENDE

»Läufst du Marathon, dann zählt jede Sekunde, dann geht es immer schnell, schnell, schnell. Bei einem Hunderter kommt es auf die Minute nicht an. Da gilt es wirklich nur anzukommen. Was da im Körper vor sich geht, ist unbeschreiblich. Man lernt sich selbst richtig kennen und schaut tief in sich hinein. Beim ersten Hunderter bin ich über 12

Stunden gelaufen, allerdings hab ich nach etwa 70 Kilometern Unterzucker gekriegt. Das hieß, ich mußte viele Gehpausen machen. Ich war völlig fertig, was mir beim zweiten Mal nicht passierte. Den zweiten Hunderter hab ich in 10 Stunden 20 Minuten gemacht.«

Warum reicht diesen Läufern das Martyrium »Marathon« nicht aus? Günther wagt eine Antwort, die den Kern des Phänomens präzise beschreibt: »Laufen ist ein Prozeß. Es gibt kein Ziel dabei. Das ist der Grund, warum die Leute versuchen, immer mehr zu laufen, warum sie sich verbessern wollen und immer verrücktere Strecken auswählen.«

Den Zwang zur Leistungssteigerung spürte Günther sehr früh. »Ich habe keine sechs Wochen vor dem ersten Marathonstart mit dem Langstreckenlaufen angefangen, ungefähr achteinhalb Kilometer. Ich bin losgelaufen wie ein Wahnsinniger, viel, viel zu schnell und dann war ich nach vier, fünf Kilometern total am Ende. Ich hab eine Gehpause machen müssen und gedacht: ›Eine Runde wirste doch noch schaffen.‹ Außerdem war ich gerade bei der Hälfte und mußte irgendwie wieder nach Hause. Ich bin also langsamer weitergelaufen, hab bei Kilometer sechs wieder eine Pause machen müssen, bin den Rest gelaufen und hab insgesamt 55 Minuten gebraucht.«

An den beiden folgenden Tagen ging es nicht besser. Zwar schaffte es Günther im zweiten Anlauf mit nur einer Pause, doch schon am nächsten Tag mußte er mit einem Abbruch nach drei Kilometern hart für seine Vorwitzigkeit büßen. Doch dann kam es. Günther fühlte sich am vierten Tag recht frisch, als er die Laufschuhe anzog – nur die demoralisierende Erfahrung des dritten Laufes dämpfte seinen Optimismus: »Ich bin die übliche Runde gelaufen, ohne anzuhalten, in 42 Minuten. Das war eine wahnsinnige Steigerung. Da hab ich zum erstenmal das Gefühl gehabt, ich könnte den Marathon schaffen. Ich war versessen darauf, noch einmal was zu leisten. Die ganzen Monate davor – die Jahre – ging's mir einfach nicht gut.«

Zwischen diesen wild entschlossenen Anfängen und ihrer rückblikkenden Schilderung liegen nur zwei Jahre, eine Zeitspanne, in der Günther elf Langstrecken bezwang. Unter ihnen war zweimal der Hundert-Kilometer-Rundkurs von Biel. Als Günther wenige Monate nach seinem ersten Marathon Richtung Biel aufbrach, hielten ihn seine Freunde zunächst für verrückt. Doch der 29jährige war entschlossen, seine erste Ultra-Strecke in Angriff zu nehmen. Nur seine Marathonzeiten zu verbessern wäre nicht schwierig gewesen. 3 Stunden 55 in Berlin, 3.30 in Nürnberg. Da gab es überhaupt keine Probleme. Am

Anfang geht es immer schnell, die Stagnation tritt erst später ein. Der Ausgang eines Hunderters aber war alles andere als vorhersehbar. Wie würde der Körper reagieren, wenn er einen halben Tag lang in Trab gehalten werden würde? Dieses Experiment war es wert, unternommen zu werden.

Also stand Günther um 22 Uhr abends mit etwa viertausend Gleichgesinnten am Start und ärgerte sich zunächst einmal. In all der Aufregung des Anfängers hatte er prompt vergessen, seine Taschenlampe einzustecken. Ohne die geht es in Biel aber doppelt mühsam. Im Ho-Tschi-Minh-Pfad, einem von Bäumen tunnelartig umschlossenen, stockdunklen und meist knöcheltief-morastigen Waldweg, für den Günther ungefähr eine Stunde benötigte, ist eine Taschenlampe schließlich unverzichtbar. Im Gegensatz zu den gehetzten Citymarathons aber geht es bei den Ultra-Langstrecken fast gemütlich zu, wenn man den Berichten der Aktiven glauben darf. Läufergruppen finden sich und legen bei einem Tempo, das Unterhaltungen mühelos ermöglicht, weite Strecken gemeinsam zurück. Leute lernen sich kennen, sekundenbesessene Sprinternaturen, die auf der klassischen 42-Kilometer-Distanz am Feld vorüberzischen, haben keine Chance.

So ein Hunderter bietet auch ausreichend Zeit für die Beschäftigung mit der Natur und vor allem mit sich selbst. »Man nimmt alles anders wahr und verfällt in Erinnerungen. Schließlich kann man sich nicht 10 Stunden lang auf das Laufen konzentrieren. Man denkt wieder an so Sachen wie Kindheit oder Jugend. Obwohl man sich bewegt, ist es eine Art Meditation.« Der Ultra-Langstreckenlauf als Psychotherapie ohne Psychiater.

Immer mehr Frustrierte finden zu dieser neuen Möglichkeit der Selbsttherapie. Jährlich steigen die Teilnehmerzahlen bei Extremläufen. Insider suchen sich per Kleinanzeige zum Erfahrungsaustausch über jene Strecken, die Mark und Bein erschüttern. Möglichkeiten zur unmittelbaren Körpererfahrung unter Extrembedingungen gibt es in allen fünf Kontinenten.

Der Tiberias-Marathon am südlichen Teil des See Genezareth etwa gilt als die tiefstgelegene Marathonstrecke der Welt. In der Jordansenke 200 m unter dem Meeresspiegel gelegen, versorgt besonders sauerstoffhaltige Luft den Marathoner. Das Gegenteil ist beim Inca-Marathon in La Paz, Bolivien, der Fall. Dort ist der Sauerstoffgehalt der Luft in Höhe von 3800 Metern über Normalnull um gut ein Viertel reduziert. Um hier bestehen zu können, benötigt man ein wochenlanges Höhentraining.

Höher noch geht es beim alljährlich gestarteten Guiness Mount Cameroun Race hinauf, bei dem es läuferischer wie bergsteigerischer Qualifikationen bedarf, um den Gipfel in 4070 m Höhe zu erreichen. 300 bis 400 Läufer preschen auf dem Niveau von 900 m los, erleben, wie sich bei 2000 m langsam der Nebel legt und schlagen sich über Vulkan- und Lavagestein durch. Am Ziel pfeift zur Begrüßung eisiger Wind. Der Lauf gilt als nicht ungefährlich. Aus Sicherheitsgründen verteilt die Guiness-Brauerei, Sponsor des Laufs, beim Einchecken außer T-Shirts und Stöcken (für den Bergaufstieg) auch Trillerpfeifen. Mit ihnen sollen sich die Läufer bei etwaigem Sturz in eine Gletscherspalte bemerkbar machen.

Dies sind die organisierten Ultra-Laufveranstaltungen. Für manchen Extrem-Läufer ein Graus. Doch längst gibt es den individuellen Ultra-Lauf. Wichart Hölscher ließ sich etwas einfallen, um den organisierten Massenlaufveranstaltungen zu entgehen. Citymarathons hatte er bereits im Dutzend hinter sich gebracht, mit immer weniger Leidenschaft. Hölscher wurde klar: »... mehr als Schulter an Schulter mit hunderten oder tausenden begeisterter Läufer 42 km durch Häuserreihen und über Asphaltstraßen zu laufen, interessierte mich das individuelle Sporterlebnis, das heißt, sportliche Leistung in besonders schöner, kulturreicher oder auch extremer Landschaft.«

Hölscher startete in der Oase Chemini, 139 km westlich der lybischen Grenze, zu einem Sahara-Lauf, der nach 70 km in der Oase Ksar Guilaine endete. In einer Ausgabe des Spiridon-Laufmaganzins berichtete der Wüstenerfahrene unter der Überschrift »Hitze, Einsamkeit, Sandpiste« über das außergewöhnliche Laufunternehmen. »Es war eine unglaubliche Freude zu laufen ... Es war schön zu laufen, über Stunden völlig frei! In einer Landschaft, die ›mehr‹ ist als nur Wüste!«

Mehr Kilometer, extremere Bedingungen, unglaubliche Laufleistungen ... Das erwartet alle von der Sogwirkung des Laufens Erfaßten, alle potentiellen Ultra-Läufer. Und jeder Läufer ist ein potentieller Ultra-Läufer. Sie laufen, weil es eben nur noch weitergehen kann. Sie wollen alles um sich herum vergessen und zugleich sich selbst wiederentdecken. Wer unter den Anfängern hätte es sich träumen lassen, daß dieses wie zufällig begonnene Hobby zur Sucht werden könnte.

»Es gibt kein Ziel, kein Ende. du mußt immer weitermachen. Es geht immer weiter!« sagt Günther völlig im Delirium der Ultra-Langstreckenläufe. Er sucht in seinem Inneren nach Lösungen und Wahrheiten, die er im Zivilisationsalltag nicht mehr finden kann. »Es geht immer weiter!«

Und wohin? Vielleicht nach Griechenland. Dort wird alljährlich ein Spartathlon genannter Lauf-Schocker gestartet. 245 km führt die Strecke zwischen Athen und Sparta über Stock und Stein und mitten durchs Gebirge. Der Sieger war 1985 ganze 23 Stunden und 18 Minuten unterwegs. Nur 19 Teilnehmer nahmen das Wagnis auf sich. Irgendwann wird Günther darunter sein: »Sparthathlon! . . . Ja, den will ich auch mal machen. Der soll ja mörderisch sein. Das wird dann das Letzte sein, was ich mir vornehme.«

TRIATHLON

Siegen oder Umfallen

Der »Eiserne Mann«

Entstanden ist die »Verrücktheit hoch drei« (SportSpecial »Triathlon«) auf Hawaii. Wie andere Super-Leistungssportarten kommt auch dieser harte Dreikampf aus dem Dunstkreis der militärischen Kasernen. 1977 wurde der Triathlon erfunden. Commander Collins hat die Ultra-Sportart eines nachts mit einigen Kumpanen der auf Hawaii stationierten Marineeinheit ausgebrütet. In jener Nacht ging es um die härteste der auf der Insel ausgetragenen Sportveranstaltungen. War es der Waikiki Rough Water Swim, eine kräfteverzehrende Durchquerung des rauhen Nordpazifiks auf einer Länge von 3800 Metern? Das Oahu-Radrennen, bei dem es 180 Kilometer durch die heiße Lavalandschaft der Insel ging? Oder der Honolulu-Marathon, der auf 42,195 Kilometern um den Diamond Head herumführte? Noch im Morgengrauen verteidigte jeder der Männer energisch seine Spezialdisziplin. Nun besiegelte man per Handschlag folgende Wette: Jede der drei Disziplinen sollte ohne Unterbrechung von allen Beteiligten durchstanden werden. Dann wüßte man schon, wer der »eiserne Mann« wäre!

Am 18. Februar 1978 treten 15 Männer erstmalig zum »Tag der tausend Leiden«, dem »Ironman« von Hawaii, an. Der Sieger Gordon Haller schindete sich sage und schreibe 12 Stunden, 20 Minuten und 27 Sekunden durch schäumende Fluten und glühendes Inselgestein. Er war der erste Held der Ultra-Sportszene Hawaiis.

In Düsseldorf wird an diesem Wochenende sicherlich auch hart gefightet, dennoch geht es nicht so extrem zu wie beim Ironman auf Hawaii. Aber auch bei den reduzierten Strecken hierzulande spielt man allzu gerne mit der Leistungsgrenze und der Möglichkeit des körperlichen Kollapses. Man will bis an die Grenzen gehen. Und wenn es auch völlig ungewiß ist, wieviel Erkenntnis der Zusammenbruch bringt, so will man doch die eigene Physis bis zum wortwörtlich Allerletzten ausreizen. Vielleicht bietet sich doch eine Chance, der teigigen Masse, genannt Gesellschaft, zu entgehen und den Alltag in die Schranken zu weisen.

Gründe, um mit dem Triathlon zu beginnen, gibt es wahrscheinlich zuhauf. Langeweile beim ätzenden Stakkato von Video-Clips und Fernseh-Shows. Bewegungsarmut im Großraumbüro, in dem die größte körperliche Anstrengung noch das Einschieben der Floppy-Discs in das Laufwerk des betriebseigenen Rechners ist. Da drängt es den Zeitgenossen fast zwangsläufig nach heldenhaften Taten, die die Sinne intensiver anregen. Am wohlsten fühlt man sich noch, wenn auch der letzte Nerv, die letzte Muskelfaser unter Hochbelastung erglüht.

Sieht man sich auf dem Geländer am Unterbacher See genauer um, kristallisiert sich ausgerechnet die Altersgruppe der vierzig bis fünfzigjährigen Männer deutlich aus dem ansonsten gemischten Teilnehmerfeld bei den »Weltbestenkämpfen« in Düsseldorf heraus. Triathlon als Rettungsring in der Midlife Crisis? Eine Möglichkeit, noch einmal Leistungsfähigkeit zu demonstrieren? Ein Sammelbecken für all jene, die beim Radfahren oder Schwimmen nie besonders erfolgreich waren?

»Ich wollte Sport treiben und dabei etwas Außergewöhnliches machen«, rekapituliert ein 43 Jahre alter Bauingenieur seinen Einstieg in die Triathlonwelt. »Ich finde es gut, daß Triathlon in Deutschland zum Volkssport wird. Das ist unabdingbar. Denn ohne uns Freizeitsportler an der Basis würden die Spitzenasse keine Prämien verdienen. Die brauchen uns.«

Es ist genau 14 Uhr, als sich die Starter der Kategorie »M 50 u. ä. sowie M Jug. und Frauen alle Klassen« an das Seeufer begeben. Über hundert Teilnehmer warten, bis zur Brust in den Fluten stehend, auf den Startschuß. Es ist ein bizarres Bild: viele der Teilnehmer vertreiben mit wildestem Armerudern und Hüpfen mehr recht als schlecht die Kälte. Wiederholt und fast vorwurfsvoll werfen sie Blicke in Richtung Startturm. Endlich fällt der erlösende Schuß. Die Menge taucht ein in das grau schimmernde Wasser und schwimmt auf die Wendemarke in 800 Meter Entfernung zu. Die meisten bevorzugen den Kraulstil. Jetzt wird es für den Zuschauer schwierig, Einzelheiten zu erkennen. Erst 20 Minuten später, wenn die führenden Schwimmer an den Strand hecheln, steigt das Interesse bei den Betrachtern wieder.

Auf den Gesichtern der Sportler haben Mühen und Kälte tiefe Spuren hinterlassen. Die Wechselzone ist überhaupt der interessanteste Streckenabschnitt, in ihm konzentriert sich folglich auch die größte Zuschauerzahl. Für den Triathleten ist die Wechselzone so etwas wie der Freiraum, in dem er sein kreatives Potential voll entfalten kann. Witz und Geschick zeigen sich hier bei der Anwendung unterschiedlichster Häutungstechniken. Wer als langweilig verschrien sein will, der greift einfach zum Handtuch, um den Badedreß abzutrocknen. So, wie es eben der schlanke junge Mann macht. Interessanter nimmt sich sein Verfolger aus, der sich den Neopren-Anzug vom Leibe pellt und darunter mit dem bereits angezogenen Radfahrerdreß glänzen kann. Aufregend wirkt der Kleiderwechsel einer üppigen Blondine. Schon etliche Meter vor dem Platz, an dem sie ihr Rad abgestellt hat, befreit die junge Frau die Macht ihrer Oberweite aus der schnürenden Enge des Badeanzuges. Zielsicher sprintet sie zum Rad hin. Ein Polizist greift eilig zur Spiegelreflexkamera.

Die Zeiten, als sich die Frauen noch Bärte ankleben mußten, um am Wasalauf teilzunehmen, sind Gott sei Dank vorbei! Nützen würde es sowieso nichts mehr. Heute muß man, um vorne dabei zu sein, die letzte Hülle fallen lassen. Zumindest im Sport zeigt man sich ganz unverklemmt, wie die junge Triathletin offen demonstriert. Handtuch greifen, abtrocknen, rein ins Trikot und auf zur zweiten Disziplin! Am Ausgang zur Straße, da, wo das Publikum steht, wo es jeden Handgriff, jedes Detail dieses spektakulären Wechsels gebannt verfolgt hat: Beifall, Beifall, Hallo-Rufe! Wer sagt da, daß in der Zuschauergunst nur Leistung entschiede.

Stunden später schieben sich die glücklichen Sieger der letzten Startgruppe – jeder, der ankommt, erhält ein Siegerdiplom – müde über den Zielstrich.

Triathlon ist eine Ausdauersportart. Selten ist ein Gegner auf der Zielgeraden niederzukämpfen. Die Selbstunterwerfung liegt aber bereits längst hinter den Sportlern. Irgendwo auf den letzten Kilometern des Radkurses oder den quälenden Abschnitten des abschließenden Laufes. Wer das alles hinter sich gebracht hat, passiert lächelnd die Zielmarkierung und läßt sich von Freunden und Bekannten feiern.

Um Punkt acht Uhr wird das Ziel geschlossen. Der vollbärtige Zeitnehmer räumt den DRK-Suppenteller weg, packt das Präzisionschronometer ein und macht sich durch einsetzende Dunkelheit und Nieselregen auf und davon. Wer jetzt noch kommt, ist einfach zu langsam gewesen. Die Stimmung auf dem Gelände erinnert nun an ein Schulfest, bei dem die große Tombola vorüber ist und die Putzfrauen mit einem letzten Rest an Höflichkeit – Eimer und Besen bei Fuß – hinter der Aulatür auf das Ausfegen lauern.

Dabei steht der große Saisonabschluß noch aus. Für 20 Uhr 30 ist das Sommerfest angekündigt, in dessen Rahmen die Sieger geehrt werden sollen. Auch Stunden nach dem Wettkampf schwirren die Athleten noch in Trainingskleidung über die Uferlandschaft. Kaum jemand, der nicht in Sweater und mit Stirn- und Schweißband daherkäme. Auch Betreuer und Verwandte zeigen sich nun stolz in modischbunten Leisure-Suits und Jogginganzügen.

Im Zelt, in dem die Preise verliehen werden sollen, verflüchtigt sich der angestrebte Hauch des exotischen »Ironman« rasch. Altbier wird gezapft. Mit gequetschtem Sound intoniert der Spieler an der Hammond-Orgel »Wochenend und Sonnenschein«, »Eviva Espana« und den unvermeidlichen Ententanz. Gleich hinter dem Zelteingang geraten einige Zuhörer beim Ringelpiez in Stimmung. Nachdem der Entertainer auch eine italienisch mit stark rheinischem Einschlag vorgetragene Schnulze der sechziger Jahre nicht ausgelassen hat, schreitet Organisator Kissler zur Siegerehrung. Vier- bis fünfmal plaziert er den Namen des Sponsors in den Lobeshymnen auf die Gewinner.

Diese nehmen dankbar Urkunden und kleine Geschenke entgegen. Auch artig gespendeter Applaus bringt sie nicht aus der Fassung. Für die Gewinner der Hauptklasse – so munkelt man – ist bereits ein inoffizielles Stelldichein arrangiert, bei dem Schecks im Wert bis zu tausend Mark verteilt werden sollen. Der Hauptsponsor zeigt sich großzügig.

Aus der Sicht des Organisators

Die Triathlonzentrale Koblenz hat sich in den vergangenen vier Jahren zum wichtigsten Organisator von Volkstriathlons entwickelt. Jährlich werden von ihr sechs bis acht solcher Veranstaltungen geplant und durchgeführt. Während der unmittelbaren Vorbereitung beschäftigt Günther Kissler, Leiter der Zentrale, acht Personen, die vor allem mit der Beschriftung von Schwimmhauben und Startnummern für die manchmal bis zu 2000 Teilnehmer beschäftigt sind. Günther Kissler hat das Organisationshauptquartier auch gegründet. Dem über Jahre hinweg erfolgreichen Langstreckenläufer und ehemaligen Präsidenten der Deutschen Radprofis kam die Idee zur Gründung der Zentrale nach einer Fernsehübertragung. Eine Sendung über den Ultra-Triathlon »Ironman« aus Hawaii hatte ihn so fasziniert, daß er in Koblenz einen Großen Preis im Triathlon auf die Beine stellte. Die Veranstaltung wurde mit ca. 1000 Teilnehmern 1984 auf Anhieb ein Erfolg. Kissler hat mit gekürzten Schwimmdistanzen versucht, Interessenten aus dem Lauf- bzw. Radfahrlager für den Triathlon zu mobilisieren.

Günther Kissler bemühte sich auch weiterhin, den knochenharten Dreikampf auf populäre Dimensionen zurechtzustutzen und das Image des »Eisernen Mannes« abzubauen. Mit der Triathlon-Zentrale, aber auch mit dem von ihm geführten DTV (Deutscher Triathlon Verband), verfolgte er die Absicht, den aus Amerika importierten Dreikampf konsequent zum Volkssport auszubauen. Das brachte ihm vor allem Kritik von Seiten der Spitzensportler ein, die sich um ihren Platz im Olymp der Superathleten betrogen fühlten und an den gekürzten Distanzen Kisslers keinen Gefallen fanden. Die Elite gründete ihren eigenen Verband, den DTB (Deutscher Triathlon Bund), 1985 fusionierten die beiden Verbände schließlich und bildeten die DTU (Deutsch Triathlon Union).

Kissler schied aus dem Vorstand des DTV aus, behielt aber seinen Vorsitz im rheinland-pfälzischen Triathlonverband und spann weiter Pläne, die neue Sportart populär zu machen. Die Triathlonzentrale erwarb sich mit den Jahren als Veranstalter bei den Behörden einen guten Namen, betrieb emsig Werbung, gab einen Triathlonkalender heraus, in dem die wichtigsten Triathlonveranstaltungen der Saison verzeichnet waren, und legte eine ausführliche, 20 000 Anschriften umfassende Adressenliste mit Triathlonteilnehmern an. Damit weitete sich der Organisationsaufwand immer mehr aus. Vom heimischen Küchentisch verlagerten sich die Aktivitäten in ein eigenes Büro, in dem die Organisationen der Triathlonzentrale, des Triathlonverbandes Rheinland-Pfalz, des Euro-Triathlon-Teams und einer Langlaufgemeinschaft konzentriert wurden.

Die auf der Insel Hawaii entstandene Sportart Triathlon mußte aber nicht nur an eine neue Zielgruppe herangeführt werden. Auch die Anpassung an die klimatischen Bedingungen in Deutschland wurden zum Problem. Laut Satzung des Triathlonverbandes darf z. B. bei einer Wassertemperatur von weniger als 15 Grad kein Schwimmwettbewerb mehr durchgeführt werden. Diese Einschränkung verkürzt die Triathlonsaison auf wenige Sommermonate und provoziert immer neue Wettkampfformen, die mit dem ursprünglichen Ironman nur mehr wenig gemeinsam haben. Die Triathlonzentrale bot im recht kühlen Mai 1987 den Sportlern z. B. den Verzicht auf das Schwimmen an, wobei die Disziplin durch einen zusätzlichen Lauf ersetzt werden sollte. Diesen neuen Typ von Veranstaltung bezeichnete die Triathlonzentrale selbst als »Olympischen Biathlon«.

Neben diesen Bemühungen stand die Suche nach finanzstarken Sponsoren im Mittelpunkt der Arbeit von Kisslers Triathlonzentrale. Kissler: »Ohne einen Sponsor ist ein Triathlon überhaupt nicht durchführbar. Trotz der für den Athleten relativ hohen Startgebühr trägt sich eine solche Veranstaltung nicht von alleine.« Bis heute ist es allerdings nicht gelungen, finanzielle Unterstützung für die durchgeführten Veranstaltungen zu bekommen. Noch erschöpft sich die Hilfe der Sponsoren in Waren und Leistungen, so werden z. B. Schwimmhauben oder auch Mineralgetränke von den Herstellern verbilligt oder kostenlos zur Verfügung gestellt. Als Modell für die Zukunft hofft Kissler auf eine Mischfinanzierung aus Startgeldern (zur Zeit variieren sie je nach Veranstaltung zwischen 15 und 50 Mark), direkten Sponsorengeldern und Ausfallbürgschaften der Städte und Gemeinden, in deren Zuständigkeit die Genehmigung eines Triathlons fällt.

Letztendlich hängt von der Realisierung dieses Finanzierungsmodells ab, ob es weiterhin Großveranstaltungen im Triathlon geben wird. Gerade mit ihnen hatte sich die Triathlonzentrale in der Vergangenheit verkalkuliert. So kosteten die »Düsseldorfer Weltbestenkämpfe« beispielsweise 300 000 DM. Bei schlechter Witterung meldeten sich jedoch nur 1300 anstatt der erwarteten 2000 Teilnehmer für den Start. »Die Düsseldorfer Veranstaltung war ein großer finanzieller Reinfall, das ist auch der Grund, warum wir in Düsseldorf in diesem Jahr nichts mehr machen werden.« Kissler gibt den kleineren Veranstaltungen momentan und auf Dauer die besseren Überlebenschancen. Ganz unabhängig davon, daß die Triathlonzentrale auch in der Zukunft den Weg der Popularisierung weitergehen muß, um für potentielle Sponsoren attraktiv zu sein, will man sich in Koblenz jetzt verstärkt auf mittlere und kleinere Veranstaltungen konzentrieren.

Kisslers Fazit nach drei Jahren Triathlonzentrale: »Egal, was man macht, wenn man ohne ehrenamtliche Helfer auskommen müßte, wäre der Triathlon-Sport gestorben. Für den Koblenzer Triathlon bräuchte ich fünf- bis sechshundert Helfer. Wenn die alle die Hand aufhalten würden, wäre es aus. Ich mache das nicht hauptberuflich, denn davon kann man nicht leben. Aber die Organisation nimmt soviel Zeit weg wie ein Beruf. Wir haben mit der Triathlonzentrale heute bei allen Veranstaltungen die meisten Teilnehmer. Das kommt daher, daß wir auch die größte Werbung machen, das meiste Geld investieren. Denn es ist ja so, daß Triathlon eine neue Sportart ist, die man erstmal bekannt machen muß.«

BODYBUILDING

Die letzte Hülle fällt nicht

Männer bei einer Bodybuilding-Meisterschaft

Um zur Hauptattraktion des Abends zu gelangen, kann man getrost der Nase folgen. Im Flur hinter dem Bühnenraum breitet sich ein ungewöhnlich intensives Zitronenaroma aus, dessen Herkunft zunächst unklar bleibt. Erst am Ende des Treppenabschnitts erkennt der Ankömmling die Geruchsquelle. Im Zwischengeschoß stehen, auf engstem Raum zusammengepfercht, acht oder neun Männer. Jeder nur mit einem Mini-Slip bekleidet und vor Nervosität schwerfällig vom einen aufs andere Bein tretend. Bodybuilder, die sich hinter der Bühne auf ihr Posing vorbereiten.

Im Flur herrscht geräuschvolle Stille. Mit schmatzendem Beiklang gleiten eifrige Hände über die wie aufgebläht wirkenden, völlig enthaarten Oberkörper. Freudinnen, Ehefrauen und Helfer legen letzte Hand an, machen die muskelstrotzenden Schauobjekte bühnenfertig. Überall dort, wo der dünne Ölfilm auf der Haut bereits verteilt ist, reflektiert er grell die Flurbeleuchtung. Die äußere Erscheinung der Männer bekommt unter dem Öl etwas Metallisches, das nur noch vage an den Körper eines menschlichen Wesens aus Fleisch und Blut denken läßt.

Stumm haben sich zwei Teilnehmer zu einer Aufwärmübung zusammengefunden und zerren in tief gebeugter Haltung an den entgegengesetzten Enden eines mitgebrachten Handtuchs. Noch einmal gleiten Hände prüfend über den voluminösen Brustkorb – in immer kürzeren Abständen fliegen Blicke zum Bühnenausgang. Endlich hebt ein Mitarbeiter der Veranstaltung mit kurzem Zeichen den Arm. Schwach vernimmt man die Ankündigung des Conferenciers im Zuschauerraum. Die Bühnenbeleuchtung strahlt abrupt und gleißend auf, Applaus hebt an. Der Moment der Erleichterung ist für die Auftretenden gekommen: Die Bühnenshow beginnt.

Die Vertreter der Männerklasse über 90 Kilo steigen ungelenk auf die Bühne. Stereotyp ruft der Sprecher am Bühnenrand Konkurrenten namentlich auf. Die Männer haben nun in Reih und Glied auf der Bühne Position bezogen. Kandidat Nummer 1 pumpt den Bizeps auf, der zweite vertraut ganz auf die optische Überzeugungskraft seines Latissimus. Reihum präsentieren die Männer einstudierte Kraftgesten. Das Publikum erwacht langsam aus unbeteiligtem Dämmerzustand, als oben auf der Rampe Muskeln herausgepreßt werden, bis dick aufgequollene Adern unter der Haut hervortreten. Gebleckte Zähne signalisieren bei den Bodybuildern Höchstanstrengung. Als letzter ist der Bodybuilder ganz rechts dran. Routiniert entledigt auch er sich der wichtigen Aufgabe, bereits in den ersten Minuten auf der Bühne Aufmerksamkeit zu erregen. Da springt in der Mitte der vorderen Sitzreihen ein Trainingskamerad aus dem Sitz: »Zeig ihn, zeig ihn«, brüllend feuert der Mann im karierten Jackett den Kumpel an, der vor Kraftanstrengung fast zu platzen droht. »Ja, da ist er!« stöhnt es in den Zuschauerreihen über das Prachtexemplar von Quadrizeps. Doch die gebannt das Geschehen verfolgende Menge erweist sich als äußerst kritisch. Minuten später gellen Pfiffe durch den Saal, als ein Krafttrainierter seine gewählte Pose bei der Einzelkür nicht halten kann und in mehreren Ansätzen die gewaltige Muskelmasse in Form bringen muß. Das Publikum nimmt jetzt vollen Anteil am Geschehen auf der Bühne, gröhlend und mit giftigen Zwischenrufen identifiziert es sich mit den Hauptdarstellern des Abends.

Bereits etwa eine halbe Stunde vor Beginn der Leistungsschau haben sich die ersten Zuschauer eingefunden. Wo sonst Rentner zu Vorträgen »Zauberhaftes Meran« um die besten Sitzplätze eifersüchteln, schlenderten nun schnauzbärtige Sportlertypen durch die Pforten. Doch es sind kaum jene geschmeidigen Figuren, die man auch für passable Sprinter halten könnte. Schwere muskelbepackte Männer besetzten heute abend die Zuschauerreihen. Die weibliche Begleitung, strahlt kaum weniger Sportlichkeit aus. Hautenge Lederhosen, knapp sitzende Miniröcke. Hier und da lugt unter blonder Lockenmähne auf durchtrainierter Schulterpartie das feine Linienwerk einer Tätowierung hervor.

»Hallo, hallo«, grüßt es ungekünstelt unter Sportskumpanen. Denn heute soll es leger zugehen, heute soll kein Globetrotter über das Leben tibetanischer Bettelmönche berichten, kein populärwissenschaftlicher Vortrag über Meisterwerke der Weltliteratur belehren. Das Programm des Abends kommt fast unbekleidet und in Öl daher: muskelbepackte Mannsbilder stellen in statuarischen Gesten das mühsam erworbene Ergebnis schweißtreibender Körperkomposition zur Schau. Seit Jahren ringen die Bodybuilder um die Anerkennung dieser Aktivi-

täten als Sport. Aber weder die Sportpresse noch die Offiziellen der Verbände zeigen sich interessiert, geschweige denn überzeugt von den Argumenten der Bodybuilding-Szene. Die Früchte egozentrischer Körperarbeit sind den Funktionären einfach nicht genügend meßbar. Doch auch, wenn als Saisonhöhepunkt eine geeignete Veranstaltungsstätte für die Muskelmeisterschaften gesucht wird, gibt es häufig Probleme. Den Bodybuilding- Organisatoren bleibt nichts anderes übrig, als, einem Wanderzirkus gleich, durch die Lande zu ziehen, wenn es um die Durchführung ihrer muskelbezogenen Mister- und Miss-Wahlen geht.

Das ändert aber nichts an dem Bemühen der Veranstaltung, sich wenigstens die Aura von sportlichem Wettkampf zu geben – auch, wenn das Publikum eher wegen des Spektakels gekommen zu sein scheint. Noch muß es sich gedulden, denn die Veranstaltung beginnt mit den Junioren. Bei ihnen sind die Proportionen noch nicht völlig aus der Form geraten. Nett anzusehende, muskulöse, nicht übertrainierte Körper. Ganz anders reagiert das routinierte Fachpublikum. »Du mußt noch viel tun!« wird ein männliches Nachwuchs-Pin-up geschulmeistert, das mit hölzernen Bewegungen die Pflichtposen absolviert.

Bei der abschließenden Verkündung des Kampfrichterspruches regt sich kein Widerspruch. Ein türkischer Jugendlicher nimmt Pokal und Urkunde entgegen und stürmt glücklich in die Umkleideräume. Auf der Zwischentreppe rempelt er fast drei eingeölte junge Frauen, die nervös bis in die Haarspitzen hinter der Bühne auf ihren Auftritt harren.

Als sie schließlich auf der Bühnenrampe Stellung bezogen haben, flammt die Stimmung erstmalig auf. Das hat nichts mit Entzücken angesichts überwältigender sportlicher Leistungen zu tun, eher mit unverhohlenem Chauvinismus. Vor der mit Spiegel- und Aluminium-Konstruktionen technoid drappierten Bühnendekoration spulen nun die drei weiblichen Muskelpakete routiniert ihre Posen ab. Ganz wie die Herren lassen sie Bi- und Trizeps spielen und pressen unter Hochanstrengung die symmetrisch entwickelten Bauchmuskeln hervor. Sie spannen die »scharf definierte« Brustmuskulatur knallhart unter dem Bikinioberteil, das schlaff und unausgefüllt jene Körperregion kaschiert, an der die Männerwelt seit Menschengedenken Fülligeres begehrt. Die eindrucksvollsten Brüste aber sind heute abend bei den Herren der Schöpfung zu finden.

Die oben auf der Bühne haben sich wie der Großteil des Publikums, einem ganz anderen Schönheitsideal verschrieben. »Die Wettkampfteilnehmer werden bewertet nach Harmonie, Muskulosität und Muskelmasse, wobei in den Frauenklassen seit 1985 die weibliche Ästhetik und die feminine Ausstrahlung ebenfalls zu den Hauptbewertungskriterien gehören.« Das weckt in Verbindung mit dem gerade auf der Bühne Gezeigten zwangsläufig Neugier auf die weibliche Körperkomposition, wie sie vor dem besagten Datum prämiert wurde. Doch sicher kamen auch vor 1985 die ausgezehrten weiblichen Figuren und verhärteten Gesichter bei der bodybuildenden Männerwelt an. Im Augenblick jedenfalls tun die Insider der Subkultur, die den Muskel zum Fetisch erhoben hat, ihr Gefallen kund. Auch lauthals: »Zwischen den Schenkeln möchte ich auch mal liegen!«

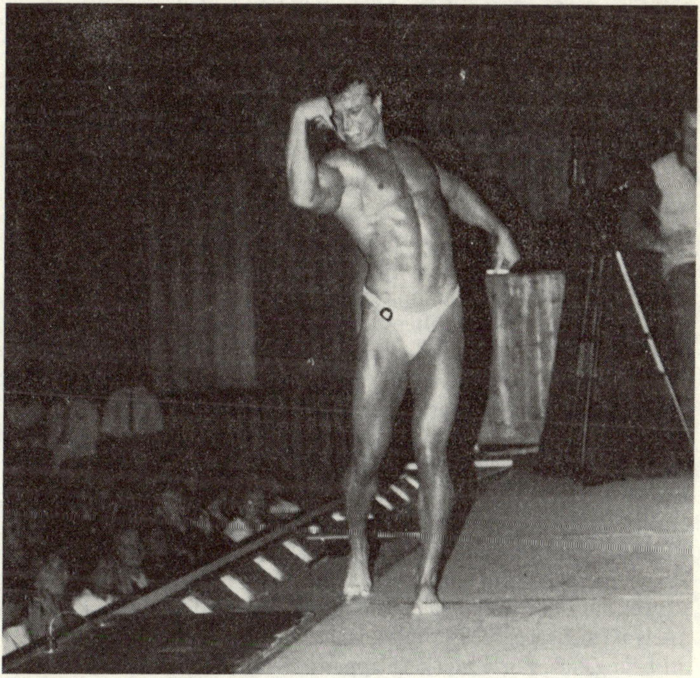

Ein Blick hinter die Kulissen läßt erahnen, welchem Höhepunkt die Muskelschaustellerei zutreibt. Geschützt vor allzu neugierigen Blicken bereitet sich Wilhelm Jasinowski, der Bodybuilding-Europameister, auf die Überreichung von Pokal und Urkunde an die Siegerin des Frauen-Wettkampfes vor. Im Treppenhaus hat er das T-Shirt abgestreift, um sich einölen zu lassen. Nach ein paar kurzen Spielereien mit den Curls, wie die Insider ihre Hanteln nennen, springt er vollbekleidet ins Rampenlicht. Die Menge aber brüllt sich an den Rand des Deliriums, fordert mit orgiastischem Gejohle »Jasis« nackte Haut. Mit gespielter Überraschung streift er das Hemd über den Kopf, um sich der Öffentlichkeit von seiner besten Seite zu zeigen: der Brustmuskulatur. Er dreht sich, zeigt die Brust im Profil, dreht sich weiter, läßt die Rückenmuskeln tanzen. Jasinowski ist ein Könner auf der Bühne. Im Stakkato dröhnt es durch die Halle. Die Preisverleihung wird schnell zur Nebensache. Das Publikum will mehr und Jasinowski, gleichsam in die Ovationen der Zuschauer verliebt, verweigert keine der Aufforderungen nach einer Zugabe.

Jasinowski kokettiert mit seinen Reizen, spielt die überraschte Unschuld, Bruchteile einer Sekunde später kehrt er den Macho heraus. Zwar weiß er, daß er unter Bodybuildern um seinen Körper beneidet wird. Doch das bloße Wissen darum genügt ihm nicht. Er muß es sich stets aufs neue bestätigen lassen, sei es vor dem Spiegel im Sportstudio oder aber durch den Jubel des Publikums. Bodybuilder sind eitel, prüfen ihr Aussehen vor dem Spiegel, vergleichen es mit den Abbildungen, die die Fachzeitschriften von ihren Vorbildern Albert Beckles, Rich Gaspari etc. bringen. Doch Eitelkeit ist nur der erste Schritt zur erfolgreichen Selbstinszenierung im Rampenlicht.

Koketterie, das wichtigste Element der männlichen Bühnen-Show, will gelernt, ja regelrecht einstudiert sein. Zuhause üben die wettkampfbereiten Muskel-Narzisse jeden Schritt, jeden Effekt ihrer Kür. Kein Muskel, der in entscheidenden Augenblicken der Präsentation unvermittelt hervorzucken würde. Ein Recke der Männer-Klasse über 90 Kilogramm verwöhnt nach Jasinowskis Soloeinlage die staunende Zuschauerschaft mit einzigartiger Körper-Choreographie. Zu den schwer aus der Musikanlage dröhnenden Akkorden des Pink-Floyd-Titels »Time« wechselt er mit leichter zeitlicher Verzögerung, einem off-beat gleich, ganze Muskelgruppen im Körperrelief. Das Publikum, das bis zur letzten Sekunde nicht weiß, welche Körperpartie ihm als nächste serviert werden wird, springt auf das Wechselbad der Gefühle sofort an. Dem Laien bleibt vor Staunen der Mund offenstehen. Der Saal kocht.

Der Mann auf der Bühne lenkt die Emotionen seiner Betrachter wie eine Marionette. Das Wechselspiel zwischen exibitionistischer Muskelschau und geziertem Verhüllen der aufregendsten Körperzonen wird geschickt inszeniert. Nur für Momente scheinen die Attraktivsten körperlichen Zonen auf, dann verschwinden Bizeps, Latissimus oder Quadrizeps wieder. Das Publikum will nach allen Regeln der Kunst aufgerissen, wenigstens aber mit aufreizender Geste und Koketterie geködert werden. Die muskulösen Mannsbilder greifen bei ihrem Spiel tief ins Repertoire traditionell weiblicher Verführungskunst. Männer-Bodybuilding ist ein Purzelbaum der Emanzipation. Es hat den Männern feministisches Terrain erobert, ohne die alten Tabus zu verletzen: die letzte Hülle fällt auch bei den übertrainierten Muskelmännern nicht.

Kein Ballett und auch keine Miss-Bikini-Wahl

Gespräch mit dem Bodybuilding-Kampfrichter Ronald Gimmler

Herr Gimmler, in dem Bodybuilding-Wettkampf um die Berliner Meisterschaft 1987 hatten sie die Wettkampfleitung. Können Sie mir sagen, welche Qualifikation die Jurymitglieder bei solchen Veranstaltungen haben müssen?

Gimmler: Seit 1983 muß die Jury aus geprüften Kampfrichtern bestehen. Wer Kampfrichter werden will, muß vorher an einem Lehrgang teilgenommen haben. Zugelassen zu so einem Kursus werden nur Leute, die selber einmal mindestens drei Jahre aktiv im Bodybuilding waren. Nach dem Lehrgang müssen die Teilnehmer einen schriftlichen und mündlichen Test bestehen. Sie müssen sagen können, worauf es im einzelnen bei der Meisterschaft ankommt. Wenn sie das bestanden haben, müssen sie zwei Probewertungen durchführen und diese Probewertungen müssen sich mindestens zu 80% mit der Wertung der bereits anerkannten Richter decken. Wenn sie das nicht erreichen, können sie diese Probewertung allerdings noch mal wiederholen. Man kann sie halt so lange machen, bis man den richtigen Blick dafür hat.

Nach welchen Kriterien werden männliche und nach welchen Kriterien werden weibliche Bodybuilder bei Wettkämpfen beurteilt?

Gimmler: Bei Männen ist es einfacher. Da ist es erstens die Muskelmasse, also wieviel Muskeln sich jeder Sportler antrainiert hat. Zweitens wird die Definition bewertet, das heißt also, wie gut die Muskeln auch sichtbar sind. Es ist also letztlich nicht entscheidend, welche Brust- oder Oberarmmaße der Mann hat – schließlich könnte über den Muskeln auch eine gewisse Fettschicht liegen –, sondern man muß erkennen können, wieviel von der Masse des Körpers sind Muskeln. Das wird mit dem Stichwort »Definition« bewertet. Über den Muskeln sollte möglichst wenig Körperfett liegen. Das dritte Bewertungskriterium ist die »Proportion«. Dazu gehört beispielsweise, wie die Oberschenkel oder die Arme zum Oberkörper passen und ob die Extremitäten einigermaßen gleichmäßig entwickelt sind. Man will also vermeiden, daß einer einen überdimensionalen Oberkörper hat, aber auf ganz dünnen Beinen daherkommt – oder auch umgekehrt. Darüber hinaus wird geprüft, ob auch die kleinen Muskelgruppen sichtbar sind und in dem richtigen Verhältnis zu den großen Muskelgruppen stehen. »Masse«, »Definition« und »Proportion« sind die drei Hauptkriterien in diesem Sport.

Neben den Hauptkriterien gibt es noch Unterkriterien. Eines ist beispielsweise »die Körperpflege«. Unter »Körperpflege« wird z. B. verstanden, ob die Haare abrasiert sind. Dies ist zwar nicht so wichtig, wenn jemand nur schwach behaart ist, wird aber bei starker Behaarung bedeutender. Dann nämlich beeinträchtigen die Haare die Sichtbarkeit der Muskulatur – ganz abgesehen davon, daß, wenn der Sportler schwitzt und sich dann noch eingeölt hat, er vielleicht nicht mehr ganz so schön aussieht. Für das Kriterium der »Körperpflege« sollte auch der Haarschnitt einigermaßen stimmen, aber auch die Körperpflege. Also ob er gebräunt ist oder nicht. Außerdem sollte der Teilnehmer möglichst nicht stark verpickelt sein, denn das ist abstoßend. Tätowierungen gelten auch als negativ.

Diese »kleinen Kriterien« werden allerdings erst dann angewandt, wenn Wettkampfteilnehmer innerhalb der Hauptkriterien relativ gleichwertig sind. Ist dies der Fall, dann würde z. B. auch bewertet werden, ob der Sportler sympathisch erscheint oder nicht. Man sagt sich einfach: die Jury-Mitglieder sind auch Menschen und letztlich ist es eine subjektive Wertung. Man kann schließlich nichts messen, man hat keine Zahlen zum vergleichen. Man sieht nur: Wie sieht er aus? Man sieht weder, wie der Bodybuilder trainiert, noch, wie er diätet hat. Dem einen fällt es ganz leicht, in eine gute Form zu kommen, der andere muß sich monatelang quälen. Das kann man als Jury nicht berücksichtigen. Sind diese Sympathien bei der Jury für den Sportler vorhanden, dann kann man schließlich auch davon ausgehen, daß er sie auch ins Publikum rüberbringt. Das Charisma des einzelnen ist in so einer subjektiven Wertung eben wichtig. Beim Eiskunstlauf ist das ja ganz genauso. Neben den drei Hauptkriterien gibt es insgesamt noch mal neun Unterkriterien.

Bei der Frau wird im wesentlichen nach den gleichen Maßstäben beurteilt, wie beim Mann. Es zählt also auch die antrainierte Muskelmasse. Schließlich betreiben wir Bodybuilding und nicht Ballett und wir machen auch keine »Miß-Bikini-Wahl«. Weiter zählt genauso die Definition. Man kann nicht einfach nur sagen: »Die hat einen sehr schönen Oberschenkel und darunter sicher auch eine gute Muskulatur«. Wenn man die Muskeln nicht wirklich sieht, kann man sie auch nicht bewerten. Dann müssen natürlich auch die Proportionen stimmen. Auch wieder im Verhältnis Unter- zu Oberkörper. Und schließlich kommt bei einer Frau – allerdings erst seit 1984, nachdem die Tendenz zum Männlichen immer stärker wurde – noch das Kriterium der »weiblichen Ästhetik« und das der »femininen Ausstrahlung« hinzu. Also, ob sie auch noch wie eine Frau wirkt und auch wie eine Frau aussieht. Diese beiden Kriterien wurden als gleichwertig in die Hauptkriterien reingenommen. Wenn eine Frau demnach eine gute Muskulatur hat und auch eine gute Definition, aber keine weibliche Ästhetik und keine feminine Ausstrahlung zeigt, dann könnte sie eigentlich nicht mehr gewinnen.

Vor kurzem habe ich gehört, es würde nicht mehr lange dauern, bis auch Bodybuilding eine olympische Disziplin zur olympischen Disziplin würde. Was wissen Sie darüber?

Gimmler: Die Tendenz dazu ist sehr stark ansteigend. Vor vier Jahren z. B. fand Bodybuilding zum ersten Mal im Rahmen der »World Games« statt. Dort versammeln sich alle nicht-olympischen-Sportarten, bei denen man aber bemüht ist, daß sie olympisch werden. Für die Teilnahme an diesen Spielen müssen einige olympische Kriterien erfüllt sein. Man muß einen Weltverband haben und man muß eine bestimmte Menge der entsprechenden Sportler vertreten. Ich bin mit dem Thema »Bodybuilding als olympischer Sport« jetzt aber auch nicht so eng befaßt, daß ich da ganz Genaues sagen kann. Man hört nur so einiges. Eben daß die Tendenz zum olympischen Sport doch sehr groß ist. Auch dadurch bedingt, daß bei internationalen Meisterschaften nun auch nach Olympiaregeln Dopingtests durchgeführt werden müssen. Übrigens sind wir nun auch auf Landesebene dabei, für Meisterschaften demnächst Dopingtests durchführen zu lassen. Das hat zwar seine Mühen und kostet auch einen Haufen Geld, aber wenn man den Ruf vom Bodybuilding verbessern möchte und wenn man diesen Sport auch als olympische Disziplin anerkannt haben möchte, muß man diese Dinge eben in Kauf nehmen. Sowas wird schließlich auch in anderen Sportarten durchgeführt.

Jetzt gibt es aber ein Problem beim Bodybuilding: Der Olympiazuschauer könnte bei einer möglichen Disziplin »Bodybuilding« die Leistung der Wettkämpfer nicht tatsächlich miterleben. Statt dessen sähe er nur das Ergebnis der Wettkampfvorbereitung in Form der unterschiedlich ausgeprägten Körper. In den anderen olympischen Sportarten hingegen ist der Zuschauer direkt Zeuge; er sieht mit eigenen Augen, wie hoch einer springt oder wie weit je-

mand werfen kann. Sehen Sie dies nicht doch als wesentlichen Hinderungsgrund dafür, daß Bodybuilding in die Olympischen Spiele aufgenommen wird?

Gimmler: Nein, denn wäre es so, dann müßte man ja auch die Eiskunstläufer zur gleichen Zeit alle auf dem Eis herumflitzen sehen können. Erst dann wären sie wirklich vergleichbar. Statt dessen aber sieht man immer nur den einzelnen, bzw. das Paar und kontrolliert nicht etwa bei allen auf einmal die Rittberger und Pirouetten. Beim Bodybuilding hingegen ist ein Vergleich viel besser möglich. Man kann Leute gegeneinander antreten lassen. Zwar kann man auch nur einzelne Posen sehen, aber ich möchte sagen, das ist doch noch ein Schritt weiter als Eiskunstlauf. Daran dürfte es also nicht scheitern, könnte ich mir vorstellen.

Bodybuilding – eine Frage der Motivation
Europameister Wilhelm Jasinowski über den Weg zum Erfolg

Herr Jasinowski, wie sind Sie zum Bodybuilding gekommen?

Jasinowski: Ha, an und für sich einfach. Durch einen Film, den ich gesehen habe. Der hießt »STAY HUNGRY«, auf deutsch »MR. UNIVERSUM«. Er lief mit Arnold Schwarzenegger 1978 im deutschen Fernsehen. Der hat mich motiviert. Dieser Mann hat mich stark beeindruckt.

Haben Sie sofort danach mit dem Training begonnen?

Jasinowski: Ja, direkt danach. Gleich in der Woche darauf.

Das war aber doch sicher noch eine sehr kleine Gruppe, die Bodybuilding betrieb?

Jasinowski: Nein, 1978 war die schon recht groß. Ich habe 1979 auch schon gleich meinen ersten Wettkampf bestritten, da war dieser Sport schon sehr populär. Ich habe selbst gestaunt, weil ich das aus dem Studio, aus dem ich kam, noch nicht kannte. Aber ich bin zum Wettkampf hingegangen – ich war angemeldet – und es war wahnsinnig voll.

Nach einem Jahr Training war es also schon möglich, an einem Wettkampf teilzunehmen?

Jasinowski: Es kommt drauf an, auf die körperlichen Voraussetzungen. Ich hatte von Natur aus sehr gute genetische Voraussetzungen.

Was haben Sie zu der Zeit beruflich gemacht?

Jasinowski: Ich habe auf dem Bau gearbeitet, zumeist auf dem Bau.

Wie groß war Ihr Trainingsaufwand?

Jasinowski: Viermal die Woche zweieinhalb Stunden.

War es nicht zu anstrengend, abends nach der Arbeit auf dem Bau noch zum Bodybuilding zu gehen?

Jasinowski: Für mich nicht, ich war zu sehr motiviert. Ich habe mich überhaupt nicht kaputt gefühlt oder so was. Die Zeit habe ich mir halt genommen, weil es für mich ein Hobby war und ist, so wie andere vielleicht vor dem Computer sitzen. Oder Schwimmen und Tennisspielen. Irgendwie findet jeder seine Sportart, für die er mehr Interesse hat, als für alles andere. Früher habe ich mehr Sportarten betrieben: Fußball, Tischtennis oder sonst irgendwelche Sachen in einem Jugendclub. Aber der Hantelsport hat mir am meisten zugesagt.

Und Ihr Ziel war von Anfang an, an Meisterschaften teilzunehmen?

Jasinowski: Richtig, ja. Sofort.

Haben Sie dabei auch Erfolge gehabt?

Jasinowski: Bei meinem ersten Wettkampf habe ich gleich den Berliner Vizemeister gemacht, dann belegte ich noch zweimal den zweiten Platz und danach erste Plätze.

Jetzt arbeiten Sie auch als Trainer in einem Studio, wie lange machen Sie das schon?

Jasinowski: Seit ungefähr einem halben Jahr.

Beschäftigen Sie sich im Studio mehr mit den Wettkampfbodybuildern oder mit den Fitneßsportlern?

Jasinowski: Sicher, sicher, mit allen Leuten! Was jeder wissen will: Ernährung, Training, neue Übungen.

Stichwort Ernährung! Inwieweit haben sich Ernährung und Lebensrhythmus bei Ihnen durch das Bodybuilding verändert?

Jasinowski: Der hat sich bei mir sehr verändert. Früher habe ich auch geraucht. Als ich mit dem Bodybuilding angefangen habe, waren die Zigaretten gleich am nächsten Tag weg. Die Motivation war so stark, daß ich gleich vom Rauchen weggekommen bin. Früher habe ich auch nicht soviel Wert auf die Ernährung gelegt, weil ich noch nicht die Ahnung hatte. Nachher setzt man sich aber doch hin, liest über Ernährung und dann kommt man aufs bewußte Essen zurück. Der Körper bezieht die Energie eben aus Kohlehydraten und braucht Eiweiß zum Muskelaufbau. Dann kann man wiederum nicht soviel Fleisch zu sich nehmen, weil man dann Cholesterin und Purin aufnimmt, was wiederum schlecht für die Gelenke ist. Da hat sich die Ernährung sehr stark geändert.

Haben die Kunden, die Sie als Trainer betreuen, bestimmte Vorstellungen, wie sie aussehen wollen, wie kräftig sie sein wollen? Haben sie bestimmte Bilder von sich, die sie mit Ihrer Hilfe verwirklichen wollen?

Jasinowski: Ich glaube ja. Es gibt welche – junge Burschen zum Beispiel –, die möchten so aussehen wie ich. Es gibt welche, die denken, das geht so schnell und man muß den Leuten sagen, daß es nicht so schnell geht. Wenn ich neun Jahre dazu gebraucht habe, geht es bei ihnen nicht in zwei Jahren.

Steigen diese Leute schnell wieder aus, weil sie einen solch weiten Weg nicht gehen wollen?

Jasinowski: Das hängt davon ab, wie motiviert man ist. Wenn einer das nicht mitbringt, hat es überhaupt keinen Sinn.

Die Lust, an sich selbst »Herumzudoktern«

Dialog zwischen den Bodybuilderinnen Gudrun Lüderitz und Evelyn Böhme

DER ANFANG

Gudrun: »Mit Bodybuilding habe ich angefangen, weil ich früher mit Leuten zusammen war, die das auch gemacht haben. Mein früherer Freund, mit dem ich vier Jahre zusammen war, beteiligte sich sogar an der Mr.-Universum-Wahl. Als wir aber auseinander waren, war ›Hantel-Schwingen‹ das erste, was ich gemacht habe. Ich begann zu trainieren.

Eigentlich hatte ich immer schon einen ziemlich kräftigen Körperbau, denn ich hatte früher schon viele andere Sportarten gemacht. Ich spielte z. B. Wasserball und habe gerudert. Aber über meinen Muskeln war früher auch viel Fett. Statt wie heute 53 kg, wog ich damals 73 kg. Der Grund also, daß ich mit Bodybuilding anfing, war, daß man mit diesem Sport einfach seine Figur so hinkriegen kann, wie man sie haben möchte. Man kann die eine Partie mehr trainieren als die andere. Bei mir ist es z. B. so, daß ich obenherum keine Schwierigkeiten habe, denn ich hatte auch vorher schon ein breites Kreuz und kräftige Arme. Nur unten herum, meine Beine also, sind meine Schwachstelle.«

Evelyn: Früher war ich etwas unzufrieden mit meinem Körper. Ich war groß und ziemlich dünn. Vor allem oben herum war ich ziemlich mager und der Unterkörper paßte einfach nicht zu diesem dünnen Oberkörper. Versuchte ich mich unten herum so richtig abzuhungern, so daß ich mir dort gefiel, dann war ich oben herum völlig ›alle‹. Da war dann fast nichts mehr. Und mit Bodybuilding kann man sich komplett einen Körper formen, wie man ihn gerne haben will. Es ist also auch die Lust, an sich selbst ›herumzudoktern‹. Probiert man sonst nur andere Frisuren aus, verändert man mit Bodybuilding gleich seinen ganzen Körper. Spielt man hingegen Tennis, dann ist der einzige Gewinn ein siegreiches Match. Beim Bodybuilding hingegen hat man so eine Art ›täglichen Gewinn‹.«

KRAFT

Gudrun: »Kraft hatte ich immer schon. Eben durch den Sport, den ich schon seit der Kindheit gemacht hatte. Je mehr ich jetzt weitertrainiere, desto leichter erscheinen mir die Einkaufstüten, wenn ich meine Besorgungen mache.«

Evelyn: »Wenn ich mich an die Schulzeit zurückerinnere, dann fällt mir auf, daß ich früher völlig unsportlich war. Sport war für mich wie ein rotes Tuch. Bei der kleinsten Kleinigkeit, z. B. bei einem bißchen Laufen, war ich schon schlapp. Und jetzt eben habe ich Kraft und bin mit der Kraft auch viel selbstsicherer. Ich weiß, ich könnte jetzt reagieren, wenn ich in irgendeine knifflige Situation kommen würde, in der ich Kraft bräuchte. Auch im täglichen Leben wird man mit Streßsituationen schneller und besser fertig, als jemand, der nicht trainiert ist. Der ganze Körper, das ganze Kreislaufsystem und die Lunge arbeiten so kräftig, auf so einem hohen Niveau, daß Einkaufstaschen, vier Etagen Treppensteigen und hinter dem Bus herrennen kein Problem mehr sind. Das macht man mit links, während andere dann schon schnaufen.«

MANNWEIBER

Gudrun: »Ganz am Anfang habe ich mir gesagt, ›so wie ein Mann möchte ich nicht aussehen!‹ Bloß: Frauen können sowieso nicht so aussehen, wie ein Mann, denn die haben ja eine viel dickere Fettschicht. Während der Diät nimmt man zwar das ganze Fett ab, so daß man über den Muskeln nur noch die ›Pelle‹ drüber hat. Dann nämlich sieht man auch die Muskeln erst. Aber wenn man sich dann wieder ganz normal ernährt, kommt auch die Fettschicht wieder. In der ›Aufbauphase‹ sieht man ja auch nicht so aus, wie später für die Wettkämpfe. Man sieht eigentlich ganz normal aus. Die meisten Leute sehen auch gar nicht, daß man Kraftsport macht.

Allerdings haben die meisten Frauen, die Bodybuilding machen und auf die Bühne gehen, relativ wenig Brust. Das müssen die jetzt aber gar nicht unbedingt wegtrainiert haben, wie man immer denkt. Viele von denen hatten vorher schon wenig. Ich aber hatte von Hause aus immer schon extrem viel gehabt und was jetzt noch da ist, nachdem ich soviel abgenommen habe, ist normal. Deshalb denken die meisten Leute auch: ›Mensch, die sieht ja noch ganz normal aus, die hat Brust. Soviel also wird die schon nicht trainieren.‹«

Evelyn: »Mit dem Vorurteil, daß Bodybuilding unweiblich sei, werde ich eigentlich nicht konfrontiert. Die Leute sind eher neugierig. Die fragen dann: ›Was, du machst Bodybuilding? du siehst doch gar nicht so aus.‹ Und die Leute im Studio finden meine Muskeln eher angenehm oder gutaussehend und nicht abstoßend.«

ELTERN

Gudrun: »Meine Mutter geht immer mit zur Wahl. Die ist dann so richtig happy und rennt so aufgeregt rum, als wenn sie selber auf die Bühne müßte. Mein Vater dagegen war noch nie bei einer Wahl. Der geht lieber angeln. Den interessiert das nicht so – auch wenn er's für mich in Ordnung findet.«

Evelyn: »Meine Eltern sind ein bißchen schockiert, daß ich Bodybuilding mache. Wohl auch deswegen, weil ich jetzt nicht mehr eine ganz so zarte Frau bin, wie sie sich eine vorstellen. Meine Schwestern dagegen sind typische Frauen. Die machen keinen Sport, sind rund um die Hüften, stricken und stehen am Herd, um sich ein Süppchen zu kochen. Und da falle ich eben ein bißchen aus dem Rahmen und das gefällt nicht so.«

EIN NEUES LEBEN

Gudrun: »Ich war immer schon selbständig. Das war nie mein Problem. Ich bin mit 18 von zuhause ausgezogen. Ich habe immer vieles alleine gemacht, z. B. alleine meine Wohnung renoviert. Auch in der Schulzeit, als Kind, war ich immer ziemlich selbstsicher und habe mich auch mit anderen gehauen. Allerdings nur mit Jungs.

Dennoch hat sich auch mein Leben durch Bodybuilding sehr verändert. Alleine schon durch die Ernährung. Früher z. B. habe ich bedenkenlos eine Curry-Wurst gegessen. Die esse ich heute nicht mehr. Auch keinen Zucker mehr, statt dessen nur noch Honig. Und seitdem ich bei Wettkämpfen auftrete, trainiere ich immer sehr regelmäßig. Wenn ich mal nichts getan habe, fühle ich mich einfach nicht wohl. Okay, die letzte Zeit vorm Wettkampf meckert man natürlich auch schon mal: ›Ich habe keine Lust mehr, ich kann nicht mehr!‹ Aber nach dem Wettkampf, wenn alles wieder vorbei ist, wenn man seine Übungen wieder in Ruhe machen kann, dann tut es wieder gut.

Wenn ich mal vier Wochen im Urlaub bin und nicht trainieren kann, dann macht mich das richtig krank. Darum habe ich mir in den letzten Urlaub meine Hanteln mitgenommen. Die habe ich mir ins

Auto gepackt. Die ersten zwei Wochen habe ich sie zwar nicht benutzt, aber danach habe ich dann doch ein paar Übungen gemacht. Also ganz aufhören, könnte ich nicht.«

Evelyn: »Bis ich 23 Jahre alt war, hatte ich bei meinen Eltern gewohnt. Ich hing immer am Rockzipfel, war schüchtern und habe mich nichts getraut. Wenn irgend jemand böse zu mir war, oder es eine Rauferei gab, dann habe ich mich schnell geängstigt. Durch

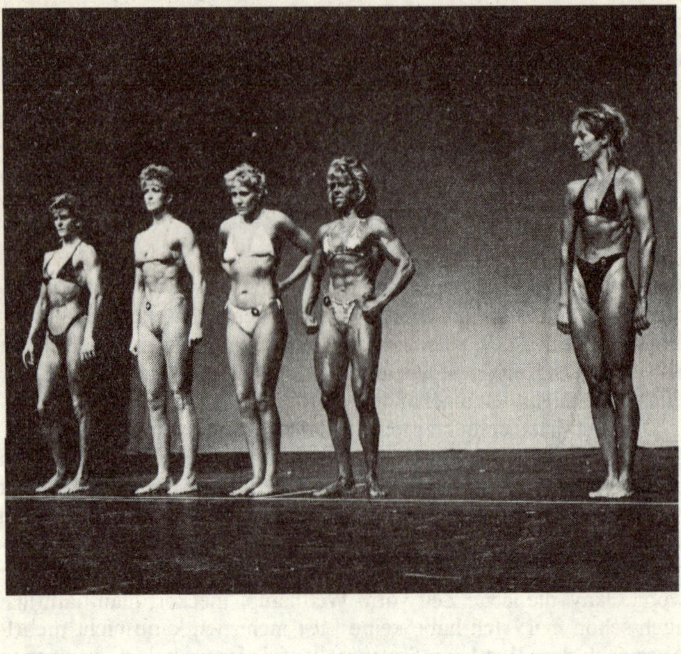

den Sport aber bin ich jetzt viel öfter auch gegen was. Ich bin jetzt nicht mehr die Schüchterne, die Ängstliche oder die Dumme. Das ist ein tolles Gefühl.

Außerdem habe ich durch den Sport einen ganz anderen Lebensrhythmus. Früher, als ich noch zuhause wohnte, aß man frühmorgens sein Toast oder sein Brötchen mit dicker Butter. Man lebte so bequem in den Tag hinein und machte nichts. Man legte die Füße hoch und wartete nach dem Frühstück schon wieder aufs Mittagessen. Seitdem ich aber Sport mache, bin ich unheimlich mobil und mache auch sonst sehr viel. Dazu ernähre ich mich noch möglichst fettarm. Eben gesund. An meine Lebensweise hat sich der Körper mittlerweile so gewöhnt, daß ich, wenn ich mal eine Weile damit aufhöre, richtig unzufrieden mit mir werde. Man kann nicht mehr an sich arbeiten und man ist dann irgendwie unbefriedigt.

Auch mein Verhältnis zu Männern hat sich verändert. Ich habe manchmal das Gefühl, daß sie einen gar nicht mehr richtig als Frau akzeptieren. Man sieht zwar nicht aus wie ein Mann, aber dadurch, daß man so unheimlich selbständig ist, vermissen die Männer das ›zarte Frauchen‹, der man in allem überlegen ist. Viele Männer mögen das nicht, wenn man selbständig ist und sich selbst durchbeißt.«

DER WETTBEWERB

Gudrun: »Bei mir war der Grund, für Meisterschaften zu trainieren der ›Reiz des Verbotenen‹. Mein Freund beteiligte sich ja damals selbst an Meisterschaften. Ich bin dann immer mit und fand das alles ganz toll und wollte auch selber mitmachen. Er aber meinte: ›Nee!‹ Als dann aber die Freundschaft aus war, dachte ich: ›Du trainierst jetzt schön und gehst dann auf die Bühne‹. Ich habe also hart trainiert und versucht, meinen Körper richtig in Ordnung zu bringen.«

Evelyn: »Der Entschluß, mich an Bodybuilding-Meisterschaften zu beteiligen, ist in Stuttgart entstanden. Ich hatte mir da die Paar-Weltmeisterschaft angesehen. Das war vor etwa eineinhalb Jahren. Ich war so begeistert, daß ich mich im Spiegel beguckt habe und dachte: ›Jetzt mußt du aber an dir arbeiten, daß du auch mal so aussiehst.‹ Und dann ergab sich das so. Es waren also Meisterschaften angesetzt und auch im Studio riet mir jeder: ›Mensch, mach doch da mit, du kannst doch sicher einen Platz belegen.‹ Na, und dann macht man da mit und freut sich über einen Erfolg und dann bleibt man dabei.«

DOPING

Gudrun: Bei den Frauen merkt man es verhältnismäßig leicht, ob eine Dopingmittel nimmt. Die haben dann eine tiefe Stimme – und rasieren müssen sie sich auch.«

Evelyn: »Da kommen die männlichen Hormone dann sehr zur Geltung. Außerdem ist das Training ohne Doping viel anhaltender und dauerhafter.«

AUF DER BÜHNE

Gudrun: »Wenn die Organisation der Veranstaltung gut ist, dann ist das eigentlich ein ganz tolles Gefühl, auf der Bühne zu stehen und seine Kür vorzuführen. Man fühlt sich ganz ›Schau‹. Aber wenn dem Veranstalter oder einem selbst Fehler unterlaufen und man anfängt, nervös zu werden, dann ist das gräßlich. Schlimm!«

Evelyn: »Finde ich auch. Auf der Bühne zu stehen ist ein tolles Gefühl. Man überlegt in dem Moment nicht, daß da vielleicht tausend Augen sind, die einen angucken. Daran denkt man gar nicht. Man denkt nur: ›Klappt das alles?‹ Man steht da auf der Bühne, als wäre man irgendwo privat. Man macht seine Kür, macht sie ganz toll und lächelt in irgendein dunkles Loch, in dem man nichts weiter erkennt. Es ist ein tolles Gefühl, daß man zeigen kann, woran man gearbeitet hat. Es ist nur dumm, wenn irgendein Malheur passiert, wie einer Frau aus meiner Gewichtsklasse. Erst sollte sie sofort raus auf die Bühne, dann wieder nicht. Dann mußte sie doch ganz schnell noch auf die Bühne und band sich eilig ihren Bikini zu. Wenn man in solche Situationen kommt, dann ist die ganze Konzentration hin und man ist nur noch flatterig.«

ZIELE

Gudrun: »Mein nächstes Ziel ist auf alle Fälle die Deutsche Meisterschaft. Vielleicht im nächsten oder im übernächsten Jahr. Na ja, und wenn man dann die Deutsche Meisterschaft hat, dann geht das immer weiter. Daß ich dabei auch immer ein bißchen muskulöser werde, ist für mich in Ordnung. Es kommt eben aufs Spiegelbild an. Also, es muß noch harmonisch und vor allen Dingen auch noch fraulich wirken. Wie ein Typ will ich auf keinen Fall aussehen. Außerdem, wenn man sich die Frauen bei der Deutschen Meisterschaft anguckt, dann muß man sagen, daß die ja auch noch alle recht fraulich aussehen.

Evelyn: »Mein Ziel ist eigentlich nicht sehr hochgesteckt. Wenn ich mir vorstelle, für die Deutsche Meisterschaft zu trainieren, dann weiß ich, es würde bei mir Jahre dauern, bis ich eine wettbewerbsfähige

Masse aufgebaut hätte. Ich mache Bodybuilding auch mehr für mich persönlich, also nicht, um irgendeinen Titel zu bekommen. Nebenbei mache ich auch noch ganz anderen Sport. Die Bodybuilding-Meisterschaften mache ich mit, weil es schön und toll ist, aber irgendein großes Ziel habe ich eigentlich nicht.

ABENTEUERURLAUB

Aufbrechen – Durchkämpfen– Ankommen

Mühsal und Entbehrungen als Hauptattraktionen

In den Prospekten wird nichts beschönigt: »Schweißtreibende Urwaldmärsche«, »Komfortverzicht«, »unvorhersehbare Ereignisse« und »keinerlei touristische Infrastruktur« sollen nach den Angaben der Veranstalter den Reisenden erwarten. Im Gegensatz zu den Idealisierungen manch anderer Touristikunternehmen klingen diese Worte erstaunlich ehrlich. Doch was sich für den einen wie ein gründlich mißratener Urlaub anhören mag, ist dem anderen die Verheißung allerhöchster Genüsse. Seitdem es heute fast jedem möglich ist, wenigstens einmal im Jahr zum Faulenzen an die Strände südlicher Gefilde zu reisen und die BILD-Zeitung am Mittelmeer bereits am Tag ihres heimischen Erscheinens erhältlich ist, wird der gemütliche Pauschalurlaub à la Neckermann für eine zunehmende Zahl von Urlaubern immer uninteressanter. Was sie statt dessen suchen, sind Anstrengung, Risiken und Ursprünglichkeit. Die Abenteuerurlauber sehen sich selbst nicht als erholungsbedürftige Touristen, sondern suchen, ganz im Gegenteil, nach strapaziösen Bewährungsproben in der Fremde. Dieses Bedürfnis haben mittlerweile auch – vor allem kleinere – Reiseveranstalter erkannt. Dem erlebnishungrigen Touristen bieten sie organisierte Abenteuer unterschiedlichster Schwierigkeitsgrade auf allen Kontinenten dieser Welt an.

Dabei spekulieren die Reiseveranstalter auf den klassischen Mythos von Abenteuer. Und der ist bis heute untrennbar verbunden mit Gestalten des 19. Jahrhunderts wie Henry Morton Stanley oder Jack London. Was bei der Nachempfindung ihrer Reisen jedoch völlig untergeht, ist die Tatsache, daß Gefahr und Exotik – ein unerläßliches Würzmittel heutiger Abenteuerreisen – damals zwar in Kauf genommen wurden, jedoch keineswegs erwünscht waren. Wer im 19. Jahrhundert eine Reise unternahm, war entweder aus beruflichen Gründen unterwegs, vermögend oder auf der Suche nach Verhältnissen, in denen es sich zumindest einigermaßen leben ließ. Tourismus in unserem heutigen Sinne gab es nicht. Entsprechend schlecht bestellt war es um Verkehrswege, Sicherheit und Komfort. Reisen war anstrengend und gefährlich.

Zumindest die Anstrengung kann man auch heute noch haben, muß man doch lediglich bereit sein, für ein paar Wochen auf einige Errungenschaften des 20. Jahrhunderts zu verzichten. Besonders bietet sich dies natürlich in Gebieten an, die einem nicht ständig die Präsenz von Düsenjets und klimatisierten, mit Sanitärzellen ausgestatteten Bussen bieten. Das nur dünn besiedelte Skandinavien ist für Abenteuerreisende, die sich lieber im europäischen Raum aufhalten möchten, geradezu ideal, gibt es hier doch mit Bergen, Wäldern, Seen und Flüssen eine ganze Reihe von unwegsamen Geländetypen. Außerdem sind hier auch Abenteuer für den etwas schmaleren Geldbeutel möglich.

»Wir streifen per Kanu durch die unberührten Wasserlandschaften, sammeln Pilze und Beeren, schlagen unser Biwak an den schönsten Flecken der nordischen Natur auf, bieten naturgemäß kein bis ins letzte festgelegtes Programm, sondern einen größtmöglichen Spielraum für individuelle Gestaltungsmöglichkeiten und Eigeninitiative einzelner Teilnehmer sowie naturverbundene Gemeinsamkeit unter ungewohnten Lebensbedingungen.« Mit dieser Einführung erläutert die Reisegesellschaft »sun team travelling« die von ihnen angebotenen Kanutouren in Skandinavien.

Damit sich ein möglichst breites Publikum Erlebnishungriger von diesem Typus der Aktiv-Reise angesprochen fühlt, ermöglicht »sun team travelling« eine Dosierung der Strapazen. So eignet sich Tour A (7 Tage für 702,– DM) eher für den beschaulichen Abenteurer: »Die Tagesetappen sind so bemessen, das genügend Zeit für erholsame Stunden und eigene Interessen wie kleine Streifzüge durch die Natur, Angelfahrten und Pilze sammeln verbleiben.« Wer jedoch den wirklichen Nervenkitzel sucht, wird wohl eher Tour D (14 Tage für 1570,– DM) wählen: »Diese Expedition ist keineswegs eine gemütliche Paddelei, sondern eine ungewöhnliche Reise mit einigen ›Härtetagen‹, die Abenteuer und Mühsal genauso erwarten lassen wie einzigartige Naturerlebnisse. Ein Unternehmen dieser Art bedeutet ein Zurückgeworfensein auf die eigene persönliche Leistung.«

Falls jemand nicht schwimmen kann (Voraussetzung für beide Kanutouren!) oder aus anderen Gründen eine Abneigung gegen Abenteuer auf dem Wasser verspürt, dem bieten andere Reiseveranstalter in Skandinavien auch Erlebnistouren zu Fuß an. Die Expeditionsleiter beispielsweise von »Wildnistouren« führen für Preise zwischen 1840,– und 2200,– DM (je härter die Tour, desto teurer die Reise) den nach

Strapazen ausgehungerten Urlauber zehn bis zwölf Tage lang in Gebiete, die die Heimeligkeit einer Mondlandschaft ausstrahlen. »Nicht umsonst wird die Zielregion von Kennern das Alaska Europas genannt«, geben die Veranstalter in ihrem Werbepropekt denn auch zu. »Sie werden sich an den Grenzen ihrer Leistungsfähigkeit bewegen; Sie werden keine Möglichkeit haben, nach ein paar Tagen ›auszusteigen‹; Sie werden sich mitunter wünschen, zuhause geblieben zu sein – aber Sie werden gleichzeitig keinen Moment der Reise missen wollen. Sie werden Aufbrechen – Durchkämpfen – Ankommen.«

Was für die Vorbilder des 19. Jahrhunderts durchaus noch offen war – die Ankunft –, ist bei den Abenteuer- und Erlebnisreisen unserer Tage im Preis inbegriffen. Ankommen nämlich wird man nach den »Wildnistouren« wieder am Ausgangsort, dem Camp, auf dem sich schon die nächsten Touristen für die zu erwartende Mühsal rüsten.

DSCHUNGEL, STEPPEN, WÜSTENEIEN

Als ein noch besseres Terrain für Abenteuerreisen bieten sich jedoch Kontinente und Länder an, denen gemeinhin noch der Ruch des Exotischen anhaftet. Beliebt ist hierbei vor allem der »Schwarze Kontinent« Afrika. Schließlich weiß sogar der geographisch wenig Interessierte von diesem Erdteil, daß dort gleichermaßen Dschungellandschaften, Steppen und Wüsteneien als unwegsame Geländetypen vorzufinden sind. Außerdem vermittelt die dortige Bevölkerung allein schon durch ihre dunkle Hautfarbe den Eindruck des Fremden und damit letztlich Unkalkulierbaren. Wodurch die Illusion des Abenteuerlichen noch erhöht wird.

Seit 15 Jahren organisieren die Düsseldorfer Brüder Michael und Rolf Bienert im Rahmen ihrer Reiseagentur »Explorer« Expeditionen durch Afrika. Transportmittel ist dabei vornehmlich ein zum Bus umgebauter Allradlastwagen, unter dessen Planen etwa 14 Reisegäste Platz finden. Derartig eingepfercht und auf Routen, die z. B. von Tunis (Nordafrika) durch die Wüste Sahara nach Lomè (Westafrika) führen, kann es nicht verwundern, wenn eine solche Fahrt nach den Worten des »Explorer«-Prospektes »Teamgeist, Toleranz, körperliche Fitneß, Verzicht auf Komfort« sowie »die Hinnahne von Strapazen« erfordert. Genau das Richtige also für einen Abenteuerhungrigen.

Ob diese Anstrengungen aber dann tatsächlich belohnt werden »durch das persönliche Kennenlernen von Völkern und Kulturen, die man heute so – in dieser Usprünglichkeit – auf der Erde kaum noch antrifft«, bleibt sehr fraglich. Allein schon die Erwartungshaltung, auf »ursprüngliche« Menschen zu treffen, engt die Wahrnehmung erheblich ein. Denn auch wenn es hierzulande nur sehr langsam bekannt wird: seit den Zeiten Dr. David Livingstones hat sich auch in Afrika einiges verändert. Die Menschen, die die Abenteuerexpeditionen dann an »ursprünglicher« Bevölkerung in den Dörfern vorfinden, überleben nicht selten fast ausschließlich aufgrund der Gunst ihrer in den Städten arbeitenden Verwandten. Oft haben sie selbst keinen dringenderen Wunsch, als in die aus allen Nähten platzenden jeweiligen Metropolen zu ziehen, um wenigstens an einem – wenn auch mehr als armseligen – Abklatsch westlichen Lebensstils teilzunehmen. Ganz kann auch »Explorer« diese Tatsache nicht ignorieren. Als Geschenke und Tauschobjekte für die Einheimischen raten sie ihren Kunden zur Mitnahme von »gebrauchter Kleidung, Feuerzeugen, Parfüm, Lippenstiften, Kugelschreibern, Taschenmessern und kleinen Spiegeln«.

Schicker als die vierwöchige »Trans-Sahara-Expedition« von »Explorer« für etwa knapp 2700,– DM (ohne Hin- und Rückflug zum Start- bzw. Zielpunkt, aber inklusive Verpflegung und Flug-Rücktransportversicherung im lebensbedrohlichen Krankheitsfall) ist ein Afrika-Abenteuer von »Schwaben-Offroad«: »Das große Abenteuer exklusiv für Range-Rover-Fahrer.« Mit dieser Tour bietet Norbert Losberger, der Veranstalter, Expeditionsleiter und Navigator in einer Person, 20 leidgeprüfte Range-Rover-Besitzern und ihren Beifahrern endlich eine Möglichkeit, ihre edlen Gefährte auf angemessenem Wüstensand zu bewegen. Schließlich soll das Auto wenigstens einmal in seinem Jeep-Leben etwas anderes befahren als die perfekten Asphaltstraßen westlicher Länder. Womöglich hat man dann sogar Glück und bleibt einmal so richtig im Sand stecken. Das eröffnet dann eine herrliche Gelegenheit, die unzähligen mitgeführten Ausrüstungsgegenstände vom Greifzug bis zum Aluminium-Sandblech auch tatsächlich zu benutzen. Damit das kostbare Gefährt nach überstandenen Strapazen jedoch garantiert wieder bis nach Hause rollt, ist im Teilnahmepreis (3500,– DM für 10 Tage Rundfahrt) auch die Begleitung der auf etwa 20 Fahrzeuge begrenzten Gruppe durch einen Range-Rover-Spezialisten inklusive Ersatzteilservice enthalten. Nicht enthalten in diesem Betrag sind die Kosten für die An- und Abreise (»Treffpunkt Algerien«) sowie »persönliche Aufwendungen für Verpflegung, Gebühren, Fähren etc.«.

STEINZEIT UND KANNIBALISMUS

Zu Abenteuern in ganz anderen Regionen dieser Welt führen die Reisen des Münchner Veranstalters Martin Stummer. Seine Zielorte sind vor allem die Inseln des Pazifischen Ozeans. »Besondere Schwerpunkte in unserem Programm sind die Tropengebiete und dort wiederum die Urwälder und Naturvölker«, schreibt Stummer in seinem Prospekt. Da »nach Möglichkeit touristisch überlaufene Gebiete« gemieden werden, müssen die Teilnehmer bereit sein, sich neben den Fahrten in Jeeps auch mittels Fußmärschen und Kanufahrten fortzubewegen. Als Beweis für die Ursprünglichkeit der jeweils besuchten Völker enthält die Werbebroschüre denn auch eine Fülle von Fotos: finster dreinblickende Eingeborene mit durch die Nase gezogenen Knochen (»Kannibalismus ist nur vom südlichen Baliemtal her bekannt. Europäer wurden davon in jüngster Zeit nicht betroffen.«), dunkle, muskulöse Männer, deren einziges Kleidungsstück ein überdimensionales, längliches, den Penis umfassendes Futteral ist, sowie jede Menge barbusiger, knackiger junger Mädchen, bei deren Anblick so mancher männliche Kunde an Abenteuer ganz anderer Art denken mag.

Daß die Reisen der erlebnishungrigen Urlauber zu den »erst kürzlich entdeckten Taot Bato« auf den Philippinen (22 Tage für 9860,– DM) oder zum Stamme der Kukukuku auf Papua-Neuguinea (22 Tage für 11940,– DM, Motto: »Hier ist die Steinzeit noch lebendig«) aus ethnologischer Sicht nicht ganz unproblematisch sind, räumt auch Martin Stummer ein. Seine Expeditionen allerdings spricht er davon frei, Auslöser für die Zerstörung der letzten primitiven Kulturen zu sein. »Der Abenteuertourismus sucht eine von der modernen Zivilisation nicht oder wenig berührte Welt. Er will nicht verändern, sondern erhalten«, meint der ehemalige Tierfänger selbstgewiß. Ob die Kukukuku, die Taot Bato oder die Yapesen (Mikronesien) ihrerseits jedoch angesichts der Touristen ihre alten Sitten und Gebräuche für erhaltenswert erachten, muß dahingestellt bleiben. Der größte Wunsch für einen Yapesen jedenfalls sei, so der Reisejournalist Dieter Rumpf in der Zeitschrift *Abenteuer und Reisen*, einmal in ihrem Leben in die USA zu fahren. Schließlich kommt von dort neben Bier und Cola auch die Währung: der US-Dollar.

RANCHES, LODGES UND RESORTS

Nicht nur den Yapesen erscheint eine Reise in die Vereinigten Staaten sehr verlockend. Auch unsere Abenteuerlustigen hierzulande wissen – Hollywood sei es gedankt –, daß sie in dem Land der unbegrenzten Möglichkeiten voll auf ihre Kosten kommen können. Ob nun beispielsweise »on the road«, auf »Ranches, Lodges« oder »Resorts«, in den »American Cities« oder auf dem »Mississippi Steamboat« – die »Marlboro-Abenteuerreisen« haben fast jeden Geschmack in Sachen »American Adventures« berücksichtigt: »Erlebnisse zwischen Broadway und Grand Canyon.« Doch obwohl »Marlboro-Reisen« einer der bekanntesten Abenteuerurlaub-Veranstalter ist, unterscheiden sich die Angebote dieser Gesellschaft noch am wenigsten von Erholungsurlauben herkömmlicher Organisatoren.

So wären Bonnie und Clyde wohl vor Neid erblaßt, hätten sie nur damals so relaxed »on the road« sein können, wie es »Marlboro-Abenteuerreisen« seinen Kunden möglich macht: »Nur junge Leute zwischen 18 und 35, unterwegs mit Minibus und Zelt. Gemeinsam das

Essen einkaufen, gemeinsam kochen. Gemeinsam die neue Tagesroute besprechen« – statt gemeinsam vor den Kugeln der Polizisten fliehen (21 Tage »on the road« kosten etwa 1400,– DM, ohne Flug, Mahlzeiten und Hotelunterkunft). Auch das Leben auf den Ranches hat sich seit den Tagen von Billy the Kid und Jesse James etwas verändert. Die »Tanque Verde Ranch«, die »Sierra Sky Ranch« oder die »Rankin Ranch« der »Marlboro-Abenteuerreisen« zumindestens sind meistens mit Klimaanlagen, Dusche, WC und Fernsehern ausgestattet (ein Tag Vollpension auf einer der Ranches kostet zwischen 75,– und 277,– DM). Wer hier noch auf den »Geschmack von Freiheit und Abenteuer« kommen will, muß schon zu der bekannten Zigarettenmarke greifen. Damit erst ist dann tatsächlich der Einsatz von Leben und Gesundheit garantiert.

Statt einem mühevollen Dasein als Cowboy bietet der Hagener Abenteuerreisen- und Trekkingtour-Veranstalter »Wikinger Reisen« 23 Tage Trapperleben in Kanada (inklusive An- und Abflug, aber ohne Verpflegung 2985,– DM): »Als Trapper durch die kanadischen Wälder und Kanuwandern auf dem Bowron-Lake.« Ganz wie die alten Jäger und Fallensteller bewegt sich die maximal 16köpfige Reisegruppe zu Fuß durch das schwierige Gelände. Nur der Kleinbus, »in dem Sie während der Wanderung nichtbenötigtes Gepäck deponieren können« und durch den der »Transfer zu den einzelnen Wandergebieten« erfolgt, erinnert an die Gegenwart. Dafür aber entschädigt Lagerfeuer-Romantik am Abend: »Gekocht wird während der Tour übrigens nach alter Trapperart über dem Holzfeuer.«

MYSTIK UND GURUS

»Unsere Lastwagen, mit denen wir unterwegs sind, sind nicht so sehr nur Fahrzeuge, als ein Teil einer Lebensart – unsere Mitfahrer sind nicht so sehr nur Touristen, als vielmehr Reisende – Afrika, Asien und Südamerika sind nicht so sehr nur Kontinente zum Durchqueren, als vielmehr Welten, die es zu Erforschen gilt.« Mit dieser knapp formulierten Reisephilosophie wendet sich der englische Abenteuer- und Expeditionsveranstalter »Encounter Overland« an den eher sanften Abenteurer. Der macht sich nicht nur zwecks Bewährungsprobe in der Natur auf die Reise, sondern sucht den persönlichen Kick vor allem durch die Konfrontation mit möglichst fremdartigen Sitten und Gebräuchen. Wohl damit die eigene kulturelle Identität bei soviel Andersartigkeit nicht völlig verlorengeht, empfiehlt »Encounter Overland« die Mitnahme eigener Musikinstrumente: »Damit macht's noch mehr Spaß – besonders beim Lagerfeuer am Abend.«

»Das Wesen von Asien liegt nicht nur in der Betriebsamkeit und der Spannung seiner Großstädte oder in seinen prunkvollen alten Bauwerken. Es liegt auch in Asiens Wildnis, über die einige der großen geschichtlichen Wege führen, und es liegt in seinen anscheinend unwichtigen Dörfern mit ihrer Mystik und ihren Gurus«, verklärt der

Prospekt die problembeladene Wirklichkeit dieses Dritte-Welt-Kontinents. Doch der Abenteuertourist bei »Encounter Overland« muß nicht befürchten, zuviel vom Elend hinter der malerischen Fassade mitzubekommen. Als kommerzielle Nachhut der Hippie-Reisewelle in den siebziger Jahren bevorzugt der englische Veranstalter in Asien vor allem Indien nebst Anliegerstaaten. Wie bei der Reisegesellschaft »Explorer« bewegt man sich mit einem zum Personen-Transporter umgebauten Lastwagen fort. Das garantiert nicht nur ein für den Abenteuertourismus unabdingbares spartanisches Reisen (unterwegs wird überwiegend in Zelten geschlafen), sondern ermöglicht auch ausgiebige Selbsterfahrung im Miteinander auf engstem Raum sowie die jederzeitige Weiterreise, falls sich die »gastfreundlichen Einheimischen« denn doch als aufdringliche Bettler entpuppen sollten.

Ohne Know-how ist so was Wahnsinn

Gespräch mit Veranstaltern und Teilnehmern von Wildnistouren

Veranstalter: Dr. Djanshid Habibi-Pfeiffer (»James«), Reinhard Bohm. *Teilnehmer:* Hans-Jürgen Hartmann (Abteilungsleiter in einer Druckerei), Detlef Schulze (Angestellter), Martin Schmidt (Student der Nachrichten-Technik).

James und Reinhard, wie kam es dazu, daß ihr die »Wildnistouren« organisiert habt, und wie seid ihr an eure Kunden gekommen?

Reinhard: James und ich haben ganz privat diese Reisen schon seit Jahren gemacht. Dabei haben wir auch regelmäßig fotografiert und, na, zuhause zeigt man die Reisebilder dann eben im engeren und weiteren Bekanntenkreis. Wir hörten dann so ein Echo: »Au ja, das müßten wir auch mal machen.« Wir dachten dann, ja Gott, wenn die Leute das so wollen – uns macht's sehr viel Spaß, da kommt was rüber, man hat was davon. Außerdem gibt es ja auch Leute, die sind nicht damit zufrieden, in der Sonne zu liegen. Die möchten lieber tätig sein und was erleben. Deswegen hatten wir das dann mal angeboten.

Wo habt ihr das angeboten?

Reinhard: Ach, ganz kommerziell – soweit es der finanzielle Rahmen zuließ. Wir gaben einfach regelmäßig in den Stadtmagazinen Kleinanzeigen unter der Rubrik »Reisen« auf. Außerdem hatten wir in Reiseläden Prospekte ausgelegt und auch überregional ein bißchen inseriert. Ja, und dann kommen eben die Interessenten.

Was stand in der Kleinanzeige drin?

Detlef: »Wildniswanderung in Nordschweden und Norwegen.«

James: »Fern der Zivilisation« und »unberührte Natur«.

Reinhard: Wer uns dann näher trat, bekam eine ausgearbeitete Mappe. Wir hatten Unterlagen zusammengestellt über das, was man füglich mitnehmen und mit welcher inneren Vorbereitung man rangehen sollte. Das ist, glaube ich, der wesentliche Punkt. Kondition alleine ist nicht ausreichend, eine innere Vorbereitung braucht's dazu auch.

Und was hat euch, die Teilnehmer, dazu veranlaßt, auf die Anzeige zu melden?

Detlef: Ich bin gar nicht über die Kleinanzeige an die beiden rangekommen, sondern Reinhard und ich arbeiten teilweise im Sportpark

»Budokan« zusammen. Durch sein Erzählen und durch Dia-Vorträge wurde ich neugierig. Auf den normalen Urlaub, wie am Strand liegen oder im Hotel sitzen, hatte ich einfach keinen Bock. Bei dieser »Wildnistour« war der Reiz, etwas Fremdes zu probieren. Es war auch eine Herausforderung, zu sehen, wie weit man gehen kann, wie groß die eigene Belastbarkeit ist. Na, und dann habe ich gesagt, »okay, ich fahre mal mit, probier's mal«. Und dann saßen wir in der Eisenbahn.

Martin: Für mich war der Gedanke wichtig, mal was anderes zu machen, als was man sonst gewöhnt ist. Außerdem gefiel mir die Idee, in einer kleineren Gruppe in die Abgeschiedenheit zu fahren, und natürlich wollte ich auch feststellen, wo meine Grenzen sind. Ich wollte wissen, wie ich mich in Extrem-Situationen verhalte. Also ein rein psychologischer Grund, denn eigentlich kannte ich mich bis dahin noch nicht.

Hans-Jürgen: Ich wollte so eine Tour eigentlich schon immer machen, denn ich bin nun mal ein absoluter Naturfreund, muß ich sagen. Nur in der Natur fühle ich mich 100%ig wohl. Die Abgeschiedenheit bringt für mich unterm Strich mehr, als so ein touristischer Urlaub à la Neckermann. Ich hatte das Bedürfnis, einmal etwas zu machen, ohne diesen absoluten Komfort und das Vorgeplante, das absolut Fertige.

Dann habe ich von Reinhard und James einen Prospekt in die Hand bekommen, und es hat ein Vorgespräch mit den beiden stattgefunden. Wichtig für mich war, daß bestimmte Sachen stimmten, daß also eine gewisse Planung da war. Es gibt ja auch Leute, die wollen eine schnelle Mark machen. Wie James und Reinhard das aber aufgezogen hatten, mit der Dia-Show, mit dem Prospekt, vor allem aber mit der Sachinformation, fand ich das Ganze sehr fundamentiert. Ich habe mir gedacht, denen geht's nicht nur darum, ein paar Leute mitzuziehen, um so ihre eigene Reise zu finanzieren, sondern die wollen den Leuten auch was vermitteln.

Braucht man für solche Trips wie eure »Wildnis-Tour« unbedingt einen Führer?

James: Für solche Touren muß man schon einiges wissen. Zum Beispiel, »wie laufe ich, damit ich nicht soviel Kraft brauche, wie finde ich zurück?« Ein Nomade z. B. merkt sich etwa alle hundert Meter irgendein Kennzeichen. Auch mit einer kleinen Gruppe kann man die selbständige Orientierung üben: du läufst in diese Richtung,

ich laufe in diese, und wir werden uns da und dort wiedersehen. Wir merken uns dann bestimmte Merkmale: einen Stein, einen Bach oder eine Wasserpfütze zum Beispiel.
Detlef: Das kam auf unserer Tour sehr gut an. – Wir sind da durch verschiedene Täler gelaufen, die ziemlich hoch mit Schnee bedeckt waren. Da standen alle paar hundert Meter Steinhäufchen, so Markierungshäufchen. Für mich war das erst gar nicht sichtbar. Ich bin – mehr oder weniger bis an die Knie im Schnee versackt – dem Reinhard immer hinterhergelaufen, aber irgendwann blieb er halt stehen und meinte, guck mal da, das sind Markierungssteine. Wenn wir uns mal verlaufen und du dann im Nebel so ein Ding siehst, weißt du, du bist auf einem Weg. Als wir da unten in den Tälern rumgelaufen sind, mußten wir durch Büsche oder Gestrüpp. Die sind zu unserer Zeit noch ohne Blätter gewesen. Und obwohl noch nichts dran war, war es für uns, mit Rucksäcken, sehr schwierig, da durchzukommen. Irgendwann, nach vielleicht einer halben Stunde, fiel mir ein: »Mensch, auf der Herfahrt in der Bahn hat Reinhard doch gesagt, wenn du irgendwo einen Tierpfad siehst, halt dich dran. Der ist unheimlich nützlich. Der ermöglicht dir einen einfachen Fußmarsch.« Und plötzlich sehe ich da einen Elchpfad oder so was. Was war ich stolz! *Ich* hatte den gefunden!
Hans-Jürgen: Ich hatte auf einer früheren Reise in Schweden einmal ein Schlüsselerlebnis. Mit zwei Brüdern war ich dort mit dem Auto unterwegs. Wir ließen den Wagen dann an der Straße stehen und liefen etwa zwei Kilometer querbeet. Plötzlich hatte sich das Wetter schlagartig verändert. Es kam Nebel auf. Wir wollten wieder zum Auto zurück, doch jeder von uns vermutete die Straße in einer anderen Richtung. Eine ganz blöde Sache. Dabei waren wir ganz nah an der Straße – schon aus Vorsichtsgründen. Glücklicherweise sind wir wieder zurückgekommen. Man hatte sich doch einiges im Unterbewußtsein gemerkt. Deswegen sagte ich mir, für die ersten paarmal brauchst du jemanden. Man braucht eben technische Fertigkeiten, Stichwort: Kompaß, Wanderkarte, etc. Ansonsten ist ja so was Wahnsinn.
Reinhard: Wir haben hier in der Stadt oder besser: in der Zivilisation, eigene Raster. Man reagiert auf eine Ampel oder ein Telefon, und wenn man das Bedürfnis hat, ein Brot zu essen, dann geht man sich eins kaufen. Da oben hat man ebenso Raster – bloß ganz andere. Da guckt man eben nach einem Tierpfad, wo es sich bequemer läuft, oder man merkt sich, auf welche Art und in welche Richtung der Fluß

fließt. Der Blick wird einfach ein anderer. Wenn man es einmal gemacht hat, lernt man die Details relativ schnell, und dann ist das neue Raster genauso verläßlich wie die hiesigen.

Ihr redet immer von »da oben«. Könnt ihr mal genauer erklären, wo das genau ist?

Reinhard: Das ist die Gegend nördlich des Polarkreises und südlich von Narvik. Das ist eine Gegend von ca. 22 000 km², besiedelt etwa von 4000–5000 Leuten, also rechnerisch praktisch leer. Da wohnen die Lappen. Das ist das Berglappengebiet. Wir haben da den höchsten Berg Schwedens, das ist der Kebne Kaise mit etwa 1900 Metern. Ansonsten ist dort Gebirge in der Höhe zwischen 1000 und 1500 Metern. Nicht zu vergleichen mit den Alpen, sondern erheblich runder. Abgehobelt von der Eiszeit, also gangbar und infolge der nördlichen Lage doch erheblich rauher als hier in gleicher Höhe.

Wie lange dauert so eine Reise?

Reinhard: Zehn bis zwölf Tage. Eher noch zehn Tage. Dann ist erfahrungsgemäß der Rucksack leer und die Nase voll.

Zu welcher Jahreszeit fahrt ihr in der Regel?

Reinhard: Von Mai – da ist die Schneeschmelze mitten zugange – bis Ende August. Das sind so zwei bis vier Reisen. Im Winter ist es nicht machbar. Erstens ist es da dunkel, zweitens liegt dann ganz viel Schnee, dann muß man also Extrem-Skifahrer sein. Das sind wir selber nicht. Drittens – das ist nicht unwesentlich – herrschen da im Winter oft minus 50 Grad. Mit anderen Worten: Die Gegend ist sehr unwirtlich.

Welche Temperaturen herrschen denn, wenn ihr fahrt?

Reinhard: Letztes Jahr im Frühjahr hatten wir um null Grad. Aber mit minus 5 Grad muß man auch rechnen. Kälteeinbrüche gibt es den ganzen Sommer über. In geschützten Tälern hat man im Sommer an die 25/30 Grad. Wobei wir den Juli gerne auslassen, weil es da zu heiß ist – plus Mücken! Das ist mit einem 25-Kilo-Rucksack selbstmörderisch. Das macht keine Freude mehr. Am liebsten konzentrieren wir uns auf den Frühling, also Mai/Juni. Und dann die Reisen im August/September. Der Herbst ist optisch sehr schön. Das Schmelzwasser ist weg, das heißt, man kann guten Gewissens durch die Flüsse. Die sind dann nicht mehr absolut tödlich, und das Klima bewegt sich bei 5 bis 10 Grad am Tag. Das ist eine wunderbare Temperatur zum Laufen.

Detlef: Unsere Tour im Mai bewältigten wir zu 70% mit Schneeschuhen.

Wie sieht eigentlich ein Tagesablauf während so einer Tour aus?

Hans-Jürgen: Wenn man sich so einen Tagesablauf mal betrachtet, dann ist da immer Bewegung drin. Bis man dann endlich mal im Zelt liegt und Tee mit Rum trinkt – das Schönste überhaupt –, muß eine Menge erledigt werden. Immer ist Aktion. Klar, da werden Pausen gemacht: Teepausen, Mittagspause und so weiter. Aber innerlich dreht sich das Rad immer weiter. Zur Ruhe kommt man eigentlich erst, wenn man, je nach Witterung, aus- oder angezogen im Zelt schön eingemummelt in seinem Schlafsack liegt. Man schläft . . . – . . . unheimlich tief!

Reinhard: Ich glaube, es gibt da eine sehr einfache Faustregel. Die ist zwar hart, aber sie zahlt sich aus. Die Regel lautet: Input gleich Output. Glücksgefühle, von denen man anschließend spricht – sei es abends der Tee im Zelt oder ein Gipfelerlebnis –, stellen sich nicht ein, wenn man nicht vorher, na ja, sagen wir mal »Mordgedanken« hat und sei es seinen eigenen Füßen gegenüber. Man muß es sich erarbeiten.

Alle auf der Reise hatten wir das Erlebnis, das wir meinten, »oh, jetzt habe ich mir einen freien Tag verdient – oder wenigstens einen halben«. Man glaubt, ihn verdient zu haben, also macht man gar nichts, schläft mal aus und läßt alles in Muße angehen. Der Rucksack, der böse Feind, bleibt in der Ecke, und der Rhythmus wird unterbrochen. Man kann nun tun, was man will, doch – man will gar nichts. Nach drei Stunden sitzt man unschlüssig da, hat sechzehn Pfeifen geraucht und sagt, »was nun weiter, wozu bist du hier?« Und abends schmeckt der Tee überhaupt nicht. Schon ist man unzufrieden. Hat man sich aber gefordert und ist bis an die Grenze seiner Leistungsfähigkeit gegangen, kommen zwar regelmäßig die Zornesausbrüche, anschließend aber war's ein toller Tag.

Wieviel eßt ihr auf so einer Tour?

Reinhard: Also ich rechne für mich, wenn ich alleine gehe, so mit einem Pfund Nahrung pro Tag. Darunter fängt Survival an. Dieses eine Pfund Nahrung pro Tag muß man aber erst mal mitschleppen. Bei drei Wochen sind das dann mindestens zehn Kilo Nahrung, die man auf dem Rücken trägt. Zusammen mit dem Grundbedarf wie Zelt, Jacke usw. ergeben das schnell 30 Kilo. Für einen untrainierten Ledernacken ganz schön unkomfortabel. Ich bin selbst mal drei Wochen in Island gegangen – auch mit 30 Kilo –, und ich fand: das reicht! Zum einen von der Zeit, zum anderen von der Belastung. Man kann keinem, der nicht speziell drauf trainiert ist, z. B. frisch vom Bund kommt, einen 30-Kilo-Rucksack aufbürden, dafür Geld nehmen und sagen: »Jetzt lauf da lang!«

Außerdem ist man's nach drei Wochen auch satt. Dann hat man genug gesehen und bekommt die ersten Gedanken, daß es woanders auch schön ist. Man vermißt den Plattenspieler oder was man speziell jetzt gerne mag. Das wird dann sehr bald so eine Quälerei. So ein bißchen l'art pour l'art. Da hört der Urlaubseffekt dann auf, und es wird eine Zwangsreise. Außerdem ist das eine Pfund pro Tag an Nahrung ein bißchen karg. Wir essen normalerweise etwa 800 Gramm.

Woraus besteht euer Proviant?

Martin: Aus Knäckebrot, Käse, Wurst.

Reinhard: Lauter Sachen, die wenig Wasser enthalten, also dehydriert sind und außerordentlich energiereich sind.

James: Wir machen auch einiges von unserem Proviant selber.

Detlef: Dein Brot zum Beispiel.

James: Ja, nach Nomadenart. Sozusagen eine Kalorienbombe.

Reinhard: Dann gibt es die Neuauflage des alten indianischen Pemmikan. Das ist ein Gemisch aus Rinderfett, getrockneten Beeren, getrockneten Rindfleischstückchen und ist eine durchaus unansehnliche, braune Masse. Die hält sich jahrelang und ist auch gefriertauglich. Man kann sie roh essen, z. B. aufs Brot schmieren. Das sieht dann ungefähr so aus wie grobe Leberwurst. Man kann sie aber auch anbraten, wobei das Fett zum Braten eben gleich schon in der Speise ist. Das ist also außerordentlich benutzerfreundlich und enthält etwa 450 bis 500 Kalorien pro 100 Gramm. Alles, was schlechter ist als 1:4, also 400 Kalorien pro 100 Gramm Nahrungsmittel, kommt nicht in Frage, ist zu schwer.

Und wie schmeckt diese Paste?

Reinhard: Wenn man sie mit ein bißchen Knoblauch und Zwiebeln anmacht – ausgezeichnet! Würde man sie allerdings hier zuhause in der Pfanne essen, dann schmeckt sie nicht so gut. Oben aber, wenn wir in dem rauhen Klima einen harten Tag hinter uns haben, dann schmeckt sie sehr gut.

James: Einige Leute haben auch immer mal eine Überraschung dabei. Der eine holt dann nach drei oder vier Tagen eine Bergsalami raus, und der andere hat drei Flaschen Bier dabei.

Reinhard: Einer zum Beispiel holte nach dem siebenten Tag eine Dose Ölsardinen hervor. Mitten in den Bergen Ölsardinen zu essen, ist einfach ein Hochgenuß. Außerdem stärkt das die Gemeinschaft, denn der hat das extra geschleppt, damit du eine Freude hast. Und das ist sehr gut für die Stimmung – auch wenn der Nährwert diskutierbar wäre.

Gerade eben ist dieses Stichwort »Survival« gefallen. Welches Risiko seid ihr bereit einzugehen?

Reinhard: Das ist ganz einfach: ein Survival-Künstler, sagen wir mal Nehberg, geht ohne Nahrung auf Tour, und wir gehen mit Nahrung los. An diese Grenze wollen wir uns noch nicht wagen. Dazu fehlt uns auch die Ausbildung. Auch wenn James und ich zur Not noch ganz gut durch die Gegend kämen. James besser, ich schlechter.

Ihr seid also doch sehr darauf fixiert, das Risiko nicht ausufern zu lassen?

Reinhard: Aber unbedingt. Die Rückreise ist durchaus garantiert.

Martin: Eine bestimmte Art von Survival gab's: unser Problem mit den Schuhen. Die Schmerzen gingen soweit, daß ich mir ernstlich überlegte, mittels Leuchtkugeln einen Rettungshubschrauber anzufordern. Gegenüber Reinhard – der seine Schuhe sicher schon über 10000 km eingelatscht hatte – hatten wir also einen großen Nachteil: nagelneue Wanderschuhe. Erst am zweiten Tag merkte man, daß alles wund war. Am dritten Tag dann waren die Socken rot. Wir hatten einen extremen Aufstieg, und es war so quälend, daß man meinte, keinen einzigen Schritt mehr tun zu können. Wie gesagt, ich habe bestimmt ein paarmal daran gedacht, daß, wenn es noch drei oder vier Stunden so weiter geht, ich nicht mehr mithalten kann, weil ich rohe Füße habe.

Habt ihr mit dem Wetter schon einmal Überraschungen erlebt?

Detlef: Bei uns war das einmal so gewesen, daß wir da oben im Berg bei ziemlich bewölktem Himmel rumliefen und es plötzich kalt wurde. Von einem Moment zum anderen prasselte der Regen nur noch so herunter. So was hatte ich noch nicht erlebt. Es hieß dann: »Jacken raus, Regenjacken rüber, dick eingepackt.« Aber das hatte überhaupt keinen Zweck. Innerhalb von wenigen Minuten waren wir total durchnäßt. Im Regensturm mußten wir also das Zelt aufbauen. Dann sind wir, klatschnaß, wie wir waren, also mit nasser Hose, nassen Socken und allem anderen, was man anhatte, in den Schlafsack rein. Das ist ein Gefühl! Man kann's nicht beschreiben. Doch Reinhards Worte waren: »Paß auf, innerhalb von eineinhalb Stunden bist du trocken.« Das konnte man sich absolut nicht vorstellen, so naß, wie man war. Aber es stimmte. Plötzlich war das Zelt wie eine Sauna. Man dampfte aus dem Schlafsack raus und merkte, wie es langsam warm wurde. Reinhard versuchte, trotz der Nässe einen Tee zu kochen. Das klappte. Und nach eineinhalb bis zwei Stunden war man trocken im Schlafsack und der Schlafsack außen herum naß. Das war ein Gefühl wie sechs Richtige im Lotto.

Was ihr bisher alles von euren Touren erzählt, klingt nicht besonders gemütlich. Wieso begebt ihr euch in solche unwirtliche Gegenden und setzt euch solchen Strapazen aus, wenn die Menschen doch sicherlich nicht ohne Grund jahrhundertelang dahin gearbeitet haben, endlich so was wie eine Zentralheizung zu besitzen, mit dem Auto fahren zu können und mit dem Flugzeug zu fliegen?

Reinhard: Weil es einfacher ist, wenn du mich fragst.

Was ist an so einer Tour einfacher?

Reinhard: Ja, ich empfinde mich hier – obwohl ich durchaus zurechtkomme – als in einer komplizierten Umwelt lebend. Was es in der modernen Zivilisation kaum gibt, sind die unmittelbaren Erlebnisse, wo ich reduziert bin auf die ganz einfachen Bedürfnisse. Unterwegs gilt eigentlich bloß die Regel: Halte dich warm, satt und trocken. Wenn

diese drei Punkte erfüllt sind, geht's dir glänzend. Was aber hat man hier alles für Bedürfnisse: der Plattenspieler, die Frau, die Heizung – alles, woran man hier gewöhnt ist. Das sind eine Unzahl von Dingen. Doch man merkt, es geht – zumindest zeitweise – auch ohne. Dies zu erleben – regelmäßig zu erleben, was mich angeht – ist einer der Hauptgründe, warum ich diese Touren mache.
Detlef: So eine Reise ist einfach gut, um sich selbst testen zu können, um mal auszusteigen aus dem ganz normalen Leben.

Martin, warum begibst du dich in solche unbequeme Situationen?

Martin: Ja, in erster Linie, um einfach zeitweise einmal der fortschreitenden täglichen Entfremdung zu entkommen. Und auf so einer Tour ist alles, was passiert, nur von einem selber abhängig. Das ist das, was für mich gezählt hat. Ich würde auch gerne noch weitergehen. Ich würde bestimmt auch gerne mal sehen, ob ich in der Lage wäre, mir eine Blockhütte oder einen Flitzebogen zu bauen oder auf Jagd zu gehen. Das würde mich sehr interessieren.

Das sind aber doch letztendlich alles Fähigkeiten, die man außerhalb dieser Ausnahmesituation wohl nie wieder brauchen wird. Wozu braucht man in einer deutschen Großstadt einen Flitzebogen?

Detlef: Ich bin nicht mit dem Gedanken auf diese Fahrt gegangen, das Bauen eines Flitzebogens zu lernen, Wild zu erlegen und wie Robinson Crusoe zu leben, sondern wirklich nur, um zu sehen, wie weit man zurückgehen kann, wie weit man sich fordern kann. Ich bin also mitgefahren, um mich erstens selbst zu testen, aber zweitens auch, um auszusteigen aus diesem, ich sage mal, »ganz normalen Scheißleben«. Man steht hier morgens auf und hat alles. Und da steht man morgens auf und hat nur das, was man vor dem Zelt hat. Da oben kann man feststellen, was man wirklich kann. Hier fahre ich mit dem Auto zur Arbeit, habe einen Haufen technische Dinge, die mir bei der Arbeit zur Hand gehen. Aber da oben ist man eben auf sich selbst angewiesen.
Hans-Jürgen: Vor Reinhold Messner z. B. kann ich nur den Hut ziehen. Sicher, der hat mir den extremen Bergtouren auch Millionen verdient, aber in erster Linie tut der das doch nur für sich selbst. Er will sein individuelles Erlebnis haben und sehen, wie weit er gehen kann. Jeder muß eben für sich selbst wissen, was er von seinen Touren hat. Für mich ist es die Natur, denn sie ist das einzige, was ich voll innerlich akzeptiere. Wind und Wetter. Diese ganzen Sachen, die – Gott sei

Dank – vom Menschen noch nicht beeinflußbar sind und wahrscheinlich nie werden. Das ist so eine innere Akzeptanz dieser Sachen, die einfach immer schon so gewesen sind.
Reinhard: Ich denke, was von so einer Tour übrigbleibt, ist weniger die praktische Fähigkeit, einen Flitzebzogen zu bauen oder ein Feuer auch unter ungünstigen Umständen anfachen zu können, sondern das Bewußtsein, diese Dinge eben unter diesen Umständen gemacht zu haben. Daß man sich sagt, »da oben, wo du so ziemlich alleine auf dich gestellt warst, hat's gereicht. Dann werden meine Fähigkeiten hier allemal reichen.« Ich denke, es ist eine Hebung des Selbstbewußtseins.
Hans-Jürgen: Unsere Gesellschaft ist sehr wehleidig, finde ich. Hier gibt es immer Alternativen. Man kann das, was man macht, immer auch anders machen. Da oben aber muß man, um zu überleben, seine Entschlüsse mit aller Konsequenz durchführen. Ein anderer Grund ist, daß wir ja in einer Informationsgesellschaft leben. Da ist es für mich auch sehr wichtig, einfach mal an einen Punkt zu kommen, wo nichts von außen auf einen einströmt, wo alles nur entweder von der

Gruppe oder von einem selber kommt. Einfach die Möglichkeit zu haben, mal für Augenblicke wie ein Neandertaler zu sein. Das ist irgendwie ein Glücksgefühl.

Gibt es eigentlich so etwas wie eine Wunschreise, die der einzelne von euch gerne einmal machen würde?

Hans-Jürgen: Ja, ich stelle mir vor, daß ich, wenn ich mal die Fähigkeiten habe, die Reinhard hat, autark nach Alaska oder Kanada fahren werde. Das ist mein persönlicher Lebenstraum.

James: Ich und Reinhard haben in diesem Jahr vor, mit so wenig Ausrüstung wie möglich eine Tour zu machen. Wir wollen weder ein Messer noch ein Zelt und nur sehr wenig an Proviant mitnehmen.

Reinhard: Wir richten unsere Bemühungen mehr darauf, von der Ausrüstung, die einem ein sehr wärmendes Gefühl gibt, ganz langsam loszukommen. Am Ende soll dann eine Art von Reise herauskommen wie das, was gegenwärtig unter dem Begriff »Survival« läuft – bloß, dann ist es kein »Survival« mehr, dann ist es ein ganz normaler Aufenthalt. Das soll das Ende einer Entwicklung sein.

Martin: Mein Traumurlaub ist, mir ein Motorrad zusammenzubauen und damit durch die Sahara zu fahren. Jedoch muß ich jemanden finden, der's schon mal gemacht hat. Alleine würde ich es nicht machen. Ansonsten habe ich noch viele Träume, die ich verwirklichen will. Ich will z. B. einmal einen Fallschirmspringerkurs machen.

Detlef: Aber da ist auch so eine Art Treckführer brauchbar.

Martin: Auf jeden Fall.

DRACHENFLIEGEN

Zwischen Genuß und Desaster

Drachenflieger und der Nervenkitzel

Tannheim 1987 – Ein verlängertes Mai-Wochenende. In dem kleinen idyllischen Ort nahe der österreichisch-deutschen Grenze tummeln sich Scharen von Kurzurlaubern. Das Wetter ist wie zum Wandern geschaffen. Ein leichter Wind weht durch das Tal, das in einem Ausläufer der Lechtaler Alpen gelegen ist. Doch eben diese Brise stimmt einige Besucher mißmutig. Tannheim ist längst nicht mehr nur Wintersportort und gewöhnliche Sommerfrische, es ist auch das Drachenflieger-Mekka. Denn hier gibt es das Neunerköpfle, einen Berg, der in 1850 Metern Höhe einen Startplatz für Drachen bietet. Der Landeplatz liegt 750 Meter tiefer. Eine stattliche Höhendifferenz, die seit den Pioniertagen dieser Sportart auf Drachenflieger geradezu wie ein Magnet wirkt. An einem Wochenende wie diesem kommen sie aus sämtlichen Himmelsrichtungen nach Tirol, um sich nach der Auffahrt mit der Seilbahn vom Startplatz hinab ins Tal zu stürzen und um – wenn möglich – Stunden Hunderte von Metern hoch in den Lüften zu kreisen. Um intensiv Böen und Turbulenzen auf der Haut zu spüren, vertrauen sie ihr Leben selbstbewußt und todesmutig 12 bis 20 Quadratmetern Segeltuch, acht Aluminiumrohren und einigen Metern Stahlseil an.

Unter denen, die mit der gegenwärtigen Windstärke unzufrieden sind, ist Til, der eine knapp 700 Kilometer weite Fahrt auf sich genommen hat, um in Tannheim zu starten. Doch bei den momentanen Bedingungen ist nichts zu machen! Nicht jeder Wind ist dem Piloten eines Drachens recht. Es kann zu böig sein, zuviel Abwind kann den Flug zu einem reinen Lotteriespiel machen. Und heute ist einfach der »verkehrte Wind«, wie Til es lapidar nennt. An Starten ist nicht zu denken.

Til erwägt, ein anderes Gelände in der Nähe mit günstigeren Bedingungen zu suchen. Doch die Windverhältnisse sind überall gleich schlecht. Noch einen, zwei, drei Tage wartet der Wahlberliner auf eine Wetterbesserung. Immer häufiger sitzt er frustriert in einer der Kneipen am Ort. Er hofft bis zum letzten Tag seines Kurzurlaubs. Schließlich lädt er den Packsack, in dem er seinen Drachen transportiert, wieder in den Wagen.

Berlin 1975 – Drachenflugveteran Til ist nach Berlin zurückgekehrt, wo er sich an eine Episode aus den Pionierzeiten des Drachenfliegens erinnert: »Wir sind früher auch in den Schuttbergen hier in Berlin geflogen. Die Mülltüten, die in dem Schutt richtig vergraben waren, flogen hoch in diesem wahnsinnigen Wind. Drei bis fünf Mann hielten den Drachen, die Hosenbeine flatterte und dann ließen alle gleichzeitig los. Der Drachen hing eine halbe bis zwei Minuten in der Luft, und da brüllte schon das ganze Volk. Die flogen praktisch mit und waren total begeistert. Die jubelten und waren aus dem Häuschen, daß jemand in Berlin zehn Meter Höhe schaffte und dann zwei Minuten oben blieb. Das waren Windgeschwindigkeiten bis zu sechzig Kilometern, es war idiotisch mit den ganzen Böen, die da ankamen. Ein Steuerfehler auf dieser Müllkippe hätte bedeutet, daß der Mann bei 60 Stundenkilometern Gegenwind und eigener Fluggeschwindigkeit von 20 oder 30 Kilometern mit ca. 90 Sachen in die Erde reingerauscht wäre. Das hätte schon sehr böse ausgehen können. Heute würde man das ganz sicher nicht mehr machen.«

Das war 1975. Drachenfliegen kam in diesen Jahren in Europa gerade erst in Mode und spaltete nach den ersten sensationellen Flügen des ehemaligen GI Mike Harker vom Oberstdorfer Schanzenberg und von der Zugspitze im April 1973 die Beobachter in zwei Lager: Den Bewunderern, die sich in moderner Ikarus-Manier am liebsten sofort unter den neuartigen Deltaflügel gekauert hätten, stand eine Übermacht an Skeptikern gegenüber.

Als Til etwa zwei Jahre nach den Harker-Schauflügen seine Leidenschaft für das Drachenfliegen entdeckte, dominierten die Einheimischen der alpinen Täler um Kössen und Tannheim die Siegerlisten der ersten internationalen Flugwettbewerbe. Zu den lustigen Tirolern stießen aber bald Abenteuersüchtige aus dem Dunstkreis der Fallschirmspringer oder auch einfach nur Flugbesessene, denen das Segelfliegen zu teuer geworden war – das Drachenfliegerlager wurde zum Sammelbecken unterschiedlichster Charaktere. Die neue Pilotengeneration unter dem Segeltuch war wie der in Berlin wohnende Til zumeist in den Großstädten zuhause. Mit der Drachenfliegerei wurde der Ritt durch die Lüfte erstmalig für eine große Personengruppe zum erschwinglichen Akt unmittelbaren Erlebens, bei dem man sich völlig im Einklang mit der Natur fühlen konnte.

Til hatte jahrelang an Motorrädern gebastelt. Doch in Berlin, wo die Fahrmöglichkeiten beschränkt waren, verlor er den Spaß an seinem Hobby. Gerade zur rechten Zeit berichtete ein Freund beim gemeinsamen Tauchurlaub in Griechenland von den ersten persönlichen Drachenflugerfahrungen. Tils Entschluß stand nun fest: »Ich dachte, ich müßte wieder etwas machen, was ebenfalls spannend und interessant ist. Da kam mir die Idee, daß ich mal zu den Drachenfliegern gehen könnte. Ich bin also nach Tannheim gefahren, weil ich wußte, daß mein Bekannter dort unten war. Schließlich konnte ich nicht bei ihm, sondern bei Ali Schmid – das ist hier in Deutschland einer der Pioniere gewesen – während der Schulung zugucken. Ich konnte mir die Fehler der Schüler genau angucken und hab dann mit Ali Schmid ein Abkommen getroffen. In den Unterrichtspausen konnte ich seine Geräte benutzen. Die Stunde à 10 Mark. Dann hab ich mir innerhalb von sechs Stunden – zwischen dem Flugunterricht – das Drachenfliegen selbst beigebracht. Mit Alis Hilfe. Nach diesen sechs Stunden bin ich auf einen 400 m hohen Berg gegangen und bin runtergeflogen. Das wäre heute ein Unding, das könnte heute niemand mehr machen.«

Tannheim 1981 – Die ersten Jahre des Drachenfliegens in Europa waren äußerst bewegt. Sicherheitsvorkehrungen wie Fallschirme, Helme oder größere Haltegurte waren nicht vorgeschrieben und spielten in der Praxis auch keine große Rollen. Fliegen war in jenen Jahren noch Abenteuer pur, hautnaher Clinch mit Wind und Wetter: »Es sind verzweifelte Taten begangen worden, um überhaupt in die Luft zu kommen. Bei strömendem Regen hat man das Gerät aufgebaut oder bei Nebel.« Doch nicht genug damit: Die Cracks der Szene flogen Eigenbauten, deren Flugeigenschaften kaum vorhersehbar waren und damit das Risiko unkalkulierbar machten.

Die Gewißheit der Piloten am Start ließ sich auf den einen Satz bringen: Sicher würde man wieder landen, unklar war nur, wie hart. Gerade im landschaftlich reizvollen Tannheimer Tal spielten sich in den ersten fünf bis sechs Jahren des Drachenbooms wiederholt fliegerische Tragödien ab. Wie gefährlich das Fliegen für Delta-Piloten in diesen Jahren noch war, schildert Til rückblickend: »Wir hatten unten im Tal am Abend einen Tisch. Wenn ich daran zurückdenke: Da war der Wirt von Tannheim, Ali Schmid war dabei, ein anderer Freund, der ›Wilden‹ saß da und ich und noch ein Schüler. Heute fehlten drei Viertel von diesen Leuten. Die sind tödlich abgestürzt oder waren zum Teil verletzt. Im Laufe der Jahre ist immer mal wieder jemandem etwas passiert. Ali Schmids Unfall war gerätebedingt. Er ist mit einem Ultraleichtflugzeug abgestürzt, einem aus einem Drachen entwickelten motorisierten Gerät. Der Wirt von Tannheim hat als Passagier einen Doppelflug mit Ali Schmid gemacht und ist rückwärts aus dem Sitz gefallen. Der Wilden ist bei der Erprobung einer Eigenentwicklung tödlich abgestürzt. Der Schüler von Ali ist noch am gleichen Tag abgestürzt. Er hatte, ohne ausreichende Kenntnisse zu haben, einen Drachen von Ali Schmid gekauft und ist ganz alleine aufs Neunerköpfle raufgegangen. Ich stand unten, und er ist rausgestartet. Plötzlich hat er sehr komische Figuren in der Luft gemacht. Er hat den Drachen nicht mehr beherrscht. In einem ganz steilen Winkel ist er mit vielleicht hundert Stundenkilometern in einer Schlucht hineingestürzt und hat ein wahnsinniges Glück gehabt, weil dort eine dermaßen tiefe Schneewehe war, die den ganzen Schwung auffangen konnte. Er konnte sich selber aus der Lage wieder befreien, war aber ziemlich blaß.«

Daß es Til nicht auch erwischte, muß als purer Zufall gelten. »Fliegen ist einfach gefährlich«, wußte Til all die Jahre sehr genau. Im ruhigsten Flug können Abwinde und Turbulenzen jederzeit und unverhofft das jähe Ende des Piloten heraufbeschwören. Technische Defekte sind nie mit letzter Sicherheit auszuschließen. Einmal verlor Til einen Bolzen, die Unterverseilung seines Drachens war während des gesamten Fluges offen. Doch erst bei der Landung brach das Gerät seinem Piloten über dem Kopf zusammen.

Heilbronn 1987 – Den Menschen Til schreckt das vorübergehend, aber den flugsüchtigen Piloten kann kein Crash vom nächsten Start abhalten. Ganz im Gegenteil: Sich den Gefahren und Unwägbarkeiten des Fliegens auszusetzen und diese dann in ästhetisch-ruhigem Flug zu meistern, ist die Quelle des elektrisierenden Nervenkitzels, den Drachenflieger so lieben. Kein Pilot würde durch Nachlässigkeit einen Sturz provozieren wollen; aber dessen Möglichkeit sollte doch, bitte schön, möglichst immer in der Luft liegen. Erst im Spannungsfeld zwischen Absturzdesaster und Routineflug stellt sich der rechte Genuß ein. Til: »Ich bin aus der Heilbronner Gegend. Jetzt war ich wieder da unten und hab meinen Privathang gerodet. Ich bin dort viel mehr geflogen als in Berlin. Man guckt raus und weiß genau, wie sich der

Baum vor dem Haus bewegen muß, damit es sich lohnt, aufzubauen. Man weiß: ›Jetzt bleib ich eine Stunde oder auch zwei in der Luft.‹ Das ist in Berlin nicht der Fall. Leider.«

Solche Genußflüge sind nur dadurch möglich geworden, daß neue Drachen mit besseren Flugeigenschaften und einfacherem Handling auf den Markt kamen. Die technische Entwicklung der Flugdrachen ist weitergegangen – trotz personeller Ausdünnung bei den Männern und Frauen der ersten Stunde. Professionelle Hersteller beherrschen den Markt, seit am 15. Mai 1982 die »Allgemeinverfügung für den Betrieb von bemannten, nichtzulassungspflichtigen Luftfahrzeugen in der Bundesrepublik Deutschland« in Kraft gesetzt wurde. Wie einige Drachenflieger beäugte auch Til mißtrauisch die Allianz zwischen neuem Hängegleiterverband, der Sicherheitsrichtlinien im Auftrag des Bundesverkehrsministers ausarbeitete, und den Flugdrachenkonstrukteuren, die stets termingerecht neue Lösungen für die veränderten Sicherheitsstandards anboten. Jedes Fluggerät mußte gegen Gebühr beim Verband einer eingehenden Prüfung unterzogen werden. Die Tage des Eigenbaus waren vorbei. Für die Piloten wurden Befähigungsnachweise zur Pflicht. Die entscheidende Neuerung war jedoch die Einführung einer Fallschirmpflicht: Ein Fallschirm muß bei Flügen mit einer ständigen Höhe von mehr als 50 Metern mitgeführt werden.

Doch zu diesem Zeitpunkt – 1982 – waren die wilden Jahre wohl schon vorbei. Daß es zunehmend ruhiger zuging, lag nicht zuletzt an den gewandelten Ansprüchen der Piloten. »Die gesamten Dimensionen hatten sich im Laufe der Jahre verschoben«, stellt Til fest. »Früher war der Drachen innerhalb von fünf bis zehn Minuten aufgebaut. Die Geräte hatten zwei Segellatten, eine links, eine rechts. Manche hatten überhaupt keine Segellatten, die konnte man aufspannen wie einen Regenschirm. Heute braucht man bestimmt eine Viertelstunde bis 30 Minuten, um so ein Gerät aufzubauen, sich anzuziehen und das Vario einzustellen. Dann ist es keine Relation mehr, wenn man im Regen nur noch fünf Minuten runtersegelt, dann unten wieder 20 Minuten verzweifelt abbaut. Heute ist das einfache Runterfliegen ein verfehlter Versuch, es war in einem solchen Fall eine Fehlentscheidung, überhaupt aufzubauen.«

Natürlich ärgert Til der Dschungel von Vorschriften, Prüfungen und Verpflichtungen. Wem soll er auch nützen? Immer noch ist das Drachenfliegen für die Piloten gefährlich. Welches Gesetz will Til vor CAT's, den berüchtigten heftigen Luftturbulenzen, schützen, die sogar von Düsenjetpiloten gefürchtet werden? Drachenflugpionier Til erscheinen die Paragraphen als ein Zeichen für den Ausverkauf seines Sports, der in seinen Anfängen freier und ursprünglich war. Vielleicht hätte er das Fliegen schon längst aufgegeben, wenn es nicht mit jedem neuen Start dieses intensive Gefühl gäbe: »Im Drachen hab ich bei 30, 50, 100 oder 1000 Metern Höhe keine Angst. Ich hänge sicher im Gerät, und alles stimmt. Du riechst alles. Wenn du in 1000 Metern hängst und Thermik vorhanden ist, riechst du das frisch geschnittene Heu, das ein Bauer unten mäht. Die Vögel fliegen in einem Abstand von fünf Metern neben dir. Es sind Bussarde und Habichte. Sie fliegen oft mit dir zusammen.«

»Ganz normal mit der Todesangst kämpfen«

Drachenflugveteranen erinnern sich

Ist Drachenfliegen gefährlich?

Til: Drachenfliegen ist auf jeden Fall eine gefährliche Sportart. Es gibt auch für den erfahrenen Piloten Unwägbarkeiten in der Luft. Das zeigen auch Unfälle erfahrener Piloten. Es ist nicht so, daß es mit einer gewissen Erfahrung ungefährlich werden würde, das stimmt einfach nicht.

Ist es dann nicht äußerst beunruhigend, an den Start zu gehen?

Hannes: Das ist vielleicht auch der besondere Reiz an der Sache.

Til: Andererseits muß man sagen, da es auch eine beunruhigende Sache sein könnte, heute über den Ku'damm zu gehen. Die Möglichkeit besteht natürlich auch, daß ausgerechnet um die Ecke ein Motorradfahrer mit 120 den Ku'damm entlang kommt. Dem kann man auch nicht mehr ausweichen. Die Möglichkeit, irgendwo einen Unfall zu haben, ist immer vorhanden. Man muß die Relationen einschätzen und sich danach verhalten. Dann werden die Dinge auch zu einem vertretbaren Sport. Aber das verlangt Eigenverantwortung und zugleich die Bereitschaft, ein Risiko einzugehen und mit ihm zu leben.

Hannes: Die Erfahrung macht das Risiko beherrschbar. Wenn man mehr Erfahrung hat, kann man ein größeres Risiko auf sich zukommen lassen. Bei thermisch starkem Wetter sagt man sich: »Ich fliege heute trotzdem los, denn ich habe eine solche Flugsituation vielleicht schon hundertmal erlebt. Warum sollte die Sache heute danebengehen?« Natürlich kann man Pech haben und liegt später auf dem Rükken.

Til: Gleich beim Start zum Beispiel. Es kann sein, daß es wirklich eine Traumablösung gibt . . .

Hannes: . . . eine Alptraumablösung.

Til: Das ist wie eine Windhexe. Ich habe selbst schon solche Dinge gesehen. Riesige Heubatzen werden aus dem frisch gemähten Feld nach oben getragen, Hunderte von Metern hoch. Wenn einen so was in zehn Metern Höhe erwischt – ich glaube, man hat keine Chance mehr. Das ist wirklich Zufall, wie man dann anfliegt, ob das noch gut abgeht oder nicht. Das sind Unwägbarkeiten. Man muß wissen, daß die existieren. Deswegen muß man Drachenfliegen als gefährlich betrachten. Wenn uns einer einreden will, das wäre nicht möglich, dann hat er einfach unrecht. So was gibt's.

Seid ihr selbst schon mit lebensgefährlichen Komplikation konfrontiert gewesen?

Hannes: Na Gott, das gibt es schon. Ich hab neulich das Bild von einem Flug wiedergesehen, bei dem ich 200 Meter an einem Felsen runtergefallen bin. Das müssen Abwinde gewesen sein. Ganz knapp vor den Baumwipfeln hat sich der Drachen wieder aufgerichtet – ich konnte die Tannenzapfen schon ganz deutlich sehen. Das passiert immer mal wieder. Komplikationen hat es immer gegeben. Unser zweiter Vorstandsvorsitzender ist auch ein davon Betroffener. Der ist einmal bei böigem Wetter aus dem Gurt gefallen. Früher hat man keine Sitzgurte gehabt. Man war mit den Füßen angeschnallt. Es gab nicht einmal eine Lehne. Wenn man mit den Händen losgelassen hat, hinten übergekippt ist und aus den Beinschlaufen rausgefallen ist, dann ging's abwärts. Fallschirme hatte man auch nicht dabei.

Til: Das Witzige war: Es gab ein aerodynamisches Phänomen, das man damals noch nicht geklärt hatte. Das war der Flattersturz. Beim Flattersturz geriet ein Gerät in eine Sturzfluglage und ließ sich mit normalen Mitteln einfach nicht mehr aufrichten. Und in dieser Lage befand sich Harry, unser zweiter Vorsitzender, bevor er rückwärts in dem Gerät hing. Er versuchte nun mit einem ungewöhnlichen Mittel, das Problem zu lösen. Er hat sich ganz nach hinten gelehnt, die hintere Verspannung genommen und sie ruckartig nach unten gezogen. Das war – wie man später feststellt – die einzige Möglichkeit, um ein Gerät aus dieser besonderen Fluglage herauszukriegen, ohne sich mit 110 Kilometern in den Boden zu bohren. Aus der Sturzfluglage richtete sich der Drachen Harrys aber blitzartig auf, und durch diesen Schwung fiel er aus seinem Sitz heraus und blieb mit einem Schuh rückwärts pendelnd unterhalb des Drachens hängen. Der Drachen war jetzt so getrimmt, daß er ganz sanft weiterflog und irgendwann nach zwei-, dreihundert Metern Höhenverlust ganz sanft auf einer Almwiese landete. Da stehen dann mehrere Touristen in Kössen herum, die gucken ihm bewundernd nach und sagen: »Können Sie das nicht noch mal machen.« Die dachten nämlich, das wäre Akrobatik gewesen, wie er da durch die Kuhfladen gezogen wurde. Dabei hatte er nur ganz normal mit der Todesangst zu kämpfen gehabt.

Welche Sicherheitsvorkehrungen trefft ihr heute vor einem Start?

Hannes: Na ja, nach dem Wetter erkundigt man sich nicht so detailliert, wie es die Segelflieger tun. Man muß das schon selbst abschätzen können. Nach den Großwetterlagen erkundigt man sich.

Til: Es ist die Frage, was für einen Flug man beabsichtigt. Es gibt Leute, die Streckenfliegen machen. Sie holen sich genauso den Segelflugwetterbericht ein, weil sie über Entfernungen fliegen wollen. Wenn man aber nur vom Hang fliegt, muß man mehr die regionalen Bedingungen beachten.

Hannes: Man fliegt z. B. nicht in der Nähe einer Landschaft, in der man Lee vermutet. Hinter dem Berg fliegt man nicht, weil man weiß, daß es da abwärts geht. Der Pilot bekommt mit der Zeit gewisse Erfahrungen, so daß er einschätzen kann, welche Bedingungen die Geographie auf die Meteorologie ausübt. Er fliegt also nicht nur blind reagierend, sondern er plant den Flug so, daß er Gefahren ausweichen kann.

Til: Wenn man zu einem Gelände reist, daß man nicht gut kennt, macht man zuerst eine Geländebeurteilung, und anschließend stellt man einen Flugplan auf. Dann folgt der Check des Drachens und eine Liegeprobe. Meistens ist ein Startleiter dabei, der den Start freigibt, wenn er gesehen hat, daß alles in Ordnung ist, d. h., daß der Pilot richtig im Gerät hängt und die Flugbahn frei ist. Diese Sicherheitsvorkehrungen automatisieren sich mit wachsender Erfahrung.

Hannes: Sicherheit muß sein, das ist klar. Das Fliegen ist eine schöne Sportart, keiner möchte sich in die Gefahr begeben, sein Leben frühzeitig zu beenden. Denn dann entginge ihm auch der Spaß am Fliegen. Schon alleine deshalb achtet man darauf, daß die Sicherheit beim Drachenfliegen gewährleistet ist. Man mußte immer schon auf sich selbst aufpassen. Jeder Drachen hat ein Schild drauf, daß man für das Gerät selbst verantwortlich ist und es nicht zulassungspflichtig ist. Aus diesem Grunde achtet man schon auf alle Kleinigkeiten, die unter Umständen die Sicherheit gefährden könnten. Das fängt bei der Aufhängung an und geht bis zur Schraubenbefestigung. Auf krumme oder beschädigte Rohre achtet man besonders. Die ganzen meteorologischen Bedingungen beachtet man genauestens. Dennoch ist und bleibt das Fliegen nun einmal ein Risiko. Fliegen ist nicht – wie es der DHV (Deutscher Hängegleiter Verband; Anm. d. Verfass.) immer propagiert – eine völlig ungefährliche Sportart, wenn man sich nur an die DHV-Richtlinien hält.

Til: Doch das darf uns nicht davon abhalten, innerhalb unseres Vereins auf unsere jüngeren Piloten zu gucken und im Verein eine gewisse Sicherheitssituation zu schaffen. Man muß sich die Flüge dieser Leute genau ansehen – wie startet der raus? – und sie dann korrigieren. Wir

müssen ein kollektives Sicherheitsgefühl entwickeln. Nicht, daß wir am Hang stehen und sehen, wie einer rausstartet, und denken: »Mal sehen, wie es dem ergehen wird. Wenn's schiefgeht, gehen wir schnell weg und haben nichts damit zu tun.« Wir müssen mit dem Startenden entscheiden und ihn auch abhalten.
Hannes: Wir müssen auch in der Lage sein, einem Kollegen zu sagen: »Hör mal zu, für dich ist das Wetter heute nicht geeignet. Bleib heute am Boden, oder warte bis heute abend.« Ein Vereinsmitglied wird das eher akzeptieren als einer, der die kommerzielle Flugschule besucht hat und der sich dann von einem Fremden etwas sagen lassen soll. Wir stehen deshalb auch den Sicherheitsmaßnahmen wie der Fünf-Jahres-Überprüfung skeptisch gegenüber, weil sie letztlich auch keine absolute Sicherheit garantieren können, den Drachenflieger aber eine Menge Geld kosten. (Mit Gültigkeit vom 1. 1. 1987 sind Drachenflieger dazu verpflichtet, ihre Fluggeräte nach fünfjährigem Betrieb den Herstellern zu einer technischen Überprüfung zu übergeben. Der Hersteller prüft die Geräte nicht nur – ähnlich, wie der TÜV Kraftfahrzeuge prüft –, er hat zugleich das Recht, sämtliche ihm defekt erscheinende Teile auf Kosten des Besitzers auszuwechseln, Anm. d. Verfass.)

Wie teuer ist Drachenfliegen heute?

Hannes: Zwischen vier- bis sechstausend Mark mußt du rechnen, ohne Ausrüstung. Nur das Gerät. Dann kommt der Fallschirm dazu, tausend Mark. Der Gurt . . .
Til: . . . sechshundert Mark.
Hannes: Der Helm: ein Hunderter. Die Schuhe dazu: auch noch mal ein Hunderter. Vario dazu . . .
Til: . . . siebenhundert Mark.
Hannes: Ja gut, sagen wir siebenhundert Mark. Das ist das bessere Vario mit Höhenmesser. Mehr brauchst du eigentlicht nicht. Es kommen aber immer noch die Fahrten dazu. Dabei muß man auf jeden Fall mehr Kilometer zurücklegen, als wenn man Segel- oder Motorflieger wäre. Übernachtungen hat man natürlich auch. Aber das sind beim Segel- oder Motorfliegen die gleichen Kosten. Außerdem muß man bedenken, daß der Drachen reparaturanfälliger ist.
Til: Und er ist jedes Jahr weniger wert.
Hannes: Jetzt kommt noch die Fünf-Jahres-Überprüfung.
Til: Der Drachen ist nach fünf Jahren quasi nichts mehr wert, weil die Fünf-Jahres-Überprüfung ca. 1000 bis 1500 Mark kosten wird. Das ist genau der Preis, den ein fünfjähriger Drachen bisher gebracht hat. Al-

so, man kann sagen, daß der Drachen mit der Prüfung schließlich wertmäßig am Nullpunkt angekommen ist.

Was – abgesehen von den Kosten – unterscheidet denn das Drachenfliegen vom Segelfliegen? Ist es ein anderes Erlebnis?

Hannes: Ja, das ganz sicher. Das Drachenfliegen ist ...

Til: ... direkter.

Hannes: du hängst draußen, fühlst den Wind.

Ist es nicht auch von der körperlichen Beanspruchung anstrengender als Segelfliegen?

Til: Wenn du fünf Stunden drinliegst, bist du manchmal schon ganz schön kaputt.

Hannes: Beim Segelfliegen bist du auch erschöpft, wenn du im Cockpit sitzt, weil die Sonne auf dich draufknallt und es heißt ist. Beim Segelflugzeug ist aber hauptsächlich mehr Konzentration erforderlich, weil es viel schneller ist als ein Drachen. Außerdem hast du auch mit größeren Beschleunigungskräften zu kämpfen, wenn du in die Thermik einkreist. Aber das Erlebnis selbst, das Flugerlebnis ist beim Drachen intensiver. Man fühlt alles, alle Kleinigkeiten, die in der Luft drin sind. Die nimmt das Segelflugzeug nicht so wahr. Ich würde das so nennen: Das Drachenfliegen ist mehr ein Fliegen im Mikrobereich.

Til: Ich glaube, der Traum vom Fliegen steckt in jedem von uns drin. Manchmal träumt man vom Fliegen und ist beim Erwachen hinterher ganz glücklich.

Hannes: Die grenzenlose Freiheit, die Illusion von der grenzenlosen Freiheit steckt halt in jedem drin. Drachenfliegen beinhaltet das noch. Man möchte eben noch einen kleinen Schluck von der grenzenlosen Freiheit genießen können.

Til: Beim Fliegen wird Höhe auch nicht mehr als Gefahr übersetzt. Diese Koppelung zwischen Höhe und Gefahr stellt sich mit dem Sicherheitsgefühl ab, das man nach und nach entwickelt. Höhe macht keine Angst. Es gibt nur Fluglagen, die einem plötzlich angst machen. Turbulenzen.

Hannes: In der Höhe selbst sind einem Turbulenzen aber auch ziemlich egal. Wenn sich der Drachen mal umlegt, ist das in der Höhe egal. Wenn es in Bodennähe geschieht, wo man mit härteren Dingen in Kontakt kommen könnte, dann ist einem nicht so ganz wohl. Dann muß man haarscharf aufpassen.

LEBENSSTIL

Trainer, Tester, Tröster

In den Zeitschriften des Körperkults zählt vor allem der Lebensstil

Wer als Bodybuilding-Anfänger neugierig das Zentralorgan des Muskelkultes, die *Sportrevue*, erstmalig aufschlägt, der ist fasziniert und desillusioniert zugleich: Dem eingeschworenen Fan tritt das die höchsten Werte des Ultra-Körperkults repräsentierenden Bodybuilding-Super-As Ralf Möller gegenüber. Wulstige Muskelpakete, dick unter der Pergamenthaut hervorquellende Adern kennzeichnen den sich in Schwarzeneggers Fußstapfen wähnenden Muskelprotz. Der zu den ganzseitigen Fotos gehörige Bericht singt das Hohelied auf Ralfs schmerzhaftes, aber diszipliniertes Training und die strickten Diäten. Sie sind der Schlüssel zu einem beeindruckenden Muskelpanzer à la Möller.

Ansporn und Ernüchterung auch bei dem Surflehrling, der noch unsicher auf dem Schulungs-Board balanciert, aber bereits vorwitzig zum Magazin *Surf* greift: Auf eindrucksvollen Farbseiten fliegt Weltmeister Robby Naish in sturmgepeitschter See halsbrecherische Loopings. Beim Umblättern schon staucht eine nüchterne Analyse der brillanten Fahrtechnik des mehrfachen Weltmeisters aufkeimende Fantasie und Identifikation des Lesers auf reale Dimensionen zurück. So lässig wie Robby wird er wohl nie über die donnernde Brandung triumphieren.

Vor Stars und Vorbildern quellen die neuen Körperkultmagazine über. Sie reihen sich zumindest in dieser Hinsicht in die Tradition der Sportgazetten ein. Die neuen Fachblätter der Körperszene führen ihren Lesern allerdings ihre Leitbilder nicht nur hautnah und in Aktion vor, sie versprechen, dem Publikum selbst mit einer Fülle detaillierter Trainingsanleitungen den Weg zum Championat zu ebnen. Das Muskelmagazin *Sportrevue*, mit einer verkauften Auflage von über 70000 Exemplaren 1986 zum Marktführer in der Sparte Bodybuilding aufgestiegen, weiß in einer Ausgabe mehr Trainingstips an den Mann oder die Frau zu bringen, als ein erfahrener Übungsleiter in einem Jahr erproben und weitergeben kann. Da reiht sich das Masseaufbauprogramm von Altmeister Albert Beckles nahtlos an Ralf Möllers Körperexerzitien nach dem Weider-Zirkelprinzip. »Gigant Josef Grolmus« lüftet das Geheimnis seines Armtrainings mit Kurzhantel-Curls, das einhellig als »wichtiger Faktor beim Sieg über die Amis«

erkannt worden ist. Wenn auf den letzten Seiten schließlich ein gezeichnetes Muskelmännchen mit farblich sauber voneinander unterschiedenen Bauchmuskelsträngen »reverse Sit-Ups« vorturnt, ist das mehr Trainingsanleitung als der Leser bis zum Erscheinen der nächsten Ausgabe der *Sportrevue* befolgen kann.

Anleitungen tut not: für den Fitneßsportler ebenso wie für den felsenfest entschlossenen Wettkampf-Bodybuilder. Im gleichen Studio trainieren beide weitgehend unter eigener Regie – die Unterstützung des Übungsleister beschränkt sich auf das Notwendigste, im kommerzialisierten Fitneßbetrieb verfolgen Trainer und Aktive ganz im Gegensatz zu klassischen Sportarten keine gemeinsamen Ziele wie den Gewinn von Meisterschaften oder Pokalen. So wird für Anfänger und Fortgeschrittene guter Rat selbstverständlich teuer, wenn es darum geht, die dem Schönheitsideal entsprechenden baumdicken Oberschenkel zu erarbeiten oder den Rücken zu einem Muskelgebirge zu trimmen.

Die *Sportrevue* hilft Trainingshungrigen garantiert weiter. Dem Ernst der Problemlage entsprechend übt man sich in sachlichem Schreibfluß. Häufig aber schlägt der nüchterne Ton in kalten Medizinerjargon um. Da ist die Rede von Hüftgelenksflexionen oder dem Versagen der neuromuskulären Reizleitung. In den Sektionen »Gesundheit« und »Ernährung« – neben den Trainingsprogrammen bedeutendster Schwerpunkt der Magazine – wimmelt es vor Gramm- und Milligrammwerten, die sich wechselweise auf Folsäurespiegel, Pyridoxinhydrochlorid oder andere biochemische Prozesse beziehen. Die Darstellung des Körpers der Bodybuilder in der *Sportrevue* etwa folgt der Dramatik, wie sie Fahrzeughersteller in ihren Prospekten erzeugen: Dem oberflächlichen Glanz der polierten, in diesem Falle ölig-glänzende Karosserie folgt die fachmännische Analyse des Motors mit allen seinen Einzelteilen – hier Muskelsträngen, Stoffwechselvorgängen etc. –, Tips zum »tuning« schwächlicher Partien werden gleich mitgeliefert.

In *Surf*, dem anderen Renomierblatt der neuen Sportszene, beweist sich Körperperfektion hingegen in der Beherrschung von Boards, Wind und Wasser. Muskeln alleine reichen nicht aus. Surfen hat eine andere Zielgruppe, und folglich propagiert *Surf* ein anderes Lebensgefühl. Nicht plumper Muskelfetischismus regt die Fantasie des Surfers an. Er identifiziert sich viel stärker mit dem modischen Outfit seines Sports als mit den Veränderungen, die dieser an seinem

Körper bewirkt. Ohne die richtigen Accessoires wirkt die Aufnahme eines karibikgebräunten Sunnyboy fade und deplaziert. Halsbrecherisch schräg über schäumenden Brechern liegende Surfartisten, ein konzentriert am bunten Board klammernder blonder Wuschelkopf im noch poppigeren Surfanzug, dazu ein redaktioneller Vermerk, daß es sich bei den wiedergegebenen Aufnahmen keinesfalls um Fotomontagen handele – das ist die Essenz der 160 Seiten starken Zeitschrift.

Wenn *Surf* nicht gerade dem Race-Board-Spezie Björn Schrader beim Manövrieren auf die Finger schaut oder Tips zur Entwicklung einer »persönlichen Fußstellung beim Halsen« weitervermittelt, gibt sich das wasserblaue Insiderblatt einer hemmungslosen Testparanoia hin. Slalomboards, Raceboards, Finnen, Vorfinnen, Hüftsitz-Trapeze, Halbtrockenoveralls, Lacke für das richtige Board-Design. Reiseziele ... das Blatt testet, was immer der Markt für Surfaccessoires bereithält. Man wird den Eindruck nicht los, daß sich das Menschsein zuletzt daran messen läßt, wie viele Neoprenanzüge und Board-Typen man sein Eigentum nennt. Bunt verpackt heizt die Postille den Wettbewerb um den Besitz erstklassiger Sportgeräte und sonstiger Ausstattung an.

Beides, Trainingsanleitung und Warentests, sind gegenüber den traditionellen Sportgazetten neu, aber keinesfalls zufällig. Sie sind durch die Betätigungen, in diesem Falle Bodybuilding bzw. Surfen, strukturell vorgegeben. Bei Fußball- oder Handballzeitschriften der klassischen Prägung geht es seit ewigen Zeiten nur um eines: Leistung. Berichtet wird in Tabellen und Reportagen von den großen Meisterschaften der Profis. Die Faszination der Sportart ist ganz in der Ausübung aufgehoben. Das Problem des Lebensstil existiert überhaupt nicht.

Nur zu deutlich vernimmt man beim Durchblättern von *Surf* die Botschaft, daß Leistung eben doch nicht alles sei. Wenn es zum Robby Naish nicht reicht – was ja sehr wahrscheinlich ist –, kann immerhin noch ein verfeinerter Lebensstil trösten. Wie in allen Körperkultmagazinen wird auch und gerade in *Surf* verfeinerter Lebensstil mit optimiertem Konsum gleichgesetzt. Die *Sportrevue* gurrt von optimaler Kraftnahrung, *Surf* von den besten Boards. Den Drachenfliegern die besten Höhenmesser, den Hobbyradfahrern die filigransten Maschinen. In den Fachmagazinen werden die Materialschlachten geschlagen, die Lebensphilosophie vorgedacht und vermarktet. Der Leser wandelt imaginär durch die Wunderwelt der bunten Seiten, die wie ein Schlaraffenland des Konsums erscheinen.

Sport als Konsum, Konsum als Sport – verschmolzen in einem Lebensstil, der auch noch dann renommieren kann, wenn das Rigg abgebaut, das Krafttraining beendet ist: Die neuen Magazine machen es vor. Man muß hinter die Kulissen – sprich, die Redaktionstüren – schauen, um das ein wenig besser zu verstehen: Der Sportartikelhersteller Weider-Brummer gehört nicht nur zu den führenden Produzenten im Bodybuilding- und Fitneßbereich. Er stellt von der Spezialnahrung über Sportgeräte bis zur muskelbetonten Kleidung die Konsumgüter her, die das Minimalinventar des Bodybuilder-Lifestyle darstellen. Weider-Brummer ist zugleich Verleger der *Sportrevue.* Wen wundert es da noch, wenn die *Sportrevue* fast ausschließlich für Weider-Brummer-Erzeugnisse wirbt. Der Kreislauf zwischen Sport und Konsum ist kurzgeschlossen.

Zonen der positiven Geselligkeit

Stichworte zur Architektur der neuen Körperkultstätten

Johannes Dickel (Architekt) und Gernot Hackl (Innenarchitekt) haben verschiedene Sport- und Freizeitstätten im Raum Düsseldorf entworfen und realisiert. Als Planungsgemeinschaft wollen beide auch zukünftig in diesem Bereich tätig werden.

ATMOSPHÄRE

Dickel: Der Erfolg ist durch verschiedene Elemente zu erklären: durch den direkten Kontakt sportlicher Atmosphäre und Aufenthaltsräumen. Dann durch die helle, freundliche Atmosphäre der Anlage insgesamt. Drittens durch den hohen Standard und die Qualität des Ausbaus.

Hackl: Ganz wichtig für den, der das Freizeiterlebnis sucht, ist die Atmosphäre. Nicht nur die äußere Architektur muß stimmen, auch das Interieur muß stimmen, es muß die Atmosphäre stimmen. Denn dahin flüchtet sich ja der Mensch.

ERLEBNISRAUM

Dickel: Ein Erlebnisraum ist ein Raum, der nicht nur einfach vier Wände hat, zwischen denen optisch gähnende Leere herrscht. Es ist ein Raum, der sich z. B. in verschiedene Ebenen teilen kann, die durch Treppen wiederum miteinander verbunden sind. Es ist ein Raum, der Durchblicke verschafft in andere Bereiche. Der Erlebnisraum muß so möbliert sein, daß sich viele Leute in ihm aufhalten können. Das ist von Bedeutung, damit man selbst die Möglichkeit hat, andere zu beobachten, die dort sitzen, gehen, stehen. Außerdem muß ein solcher Raum in der Möblierung entsprechend ästhetisch sein. Die Wandgestaltung, die Deckengestaltung, die Bodengestaltung muß ein gesamtes, harmonisches Einheitsbild mit einigen Akzenten ergeben. Da spielt die Lichttechnik eine große Rolle, die Ausgestaltung mit einigen künstlerischen Gegenständen, mit Plakaten, Postern oder Fotografien. Wichtig ist, daß einer, der neu in einem solchen Raum ist, erst einmal beschäftigt ist. Er kann herumschauen, kann Dinge entdecken, kann andere Menschen, junge Leute beobachten und findet das in irgendeiner Form unterhaltsam. Beim Squash-Zentrum ist die Off-Court-Einrichtung der Erlebnisraum. Das Bistro, die Sauna, der Luxus.

ÄSTHETIK

Dickel: Der Trend zur Ästhetik, der Trend zum witzigen Design, zu gutgestalteten Innenräumen, zu Erlebnisräumen mit vielen Pflanzen, viel Licht, optimaler Ausrichtung ist ganz bestimmt da. Auch die Auswahl bei den Materialien spielt eine ganz besondere Rolle, denn die verwendeten Materialien werden immer teurer. Früher hat man Hallen gebaut, die einfache Stahlkonstruktionen waren. Es wurden einfa-

che Verkleidungen gemacht. Heute liegt der Trend ganz anders. Man geht zu wertvollen Marmorsorten über, zu Graniten. Gerade auch im sanitären Bereich wird großer Wert darauf gelegt, daß genügend Platz zum Umkleiden vorhanden ist. Diese Abläufe müssen gut organisiert sein. Die Materialien, die dort verwendet werden, müssen selbstverständlich einer starken Beanspruchung lange Zeit standhalten. Aber sie sollen auch optisch und ästhetisch auf die Leute wirken.

SICHTKONTAKTE

Dickel: Auch das kann Atmosphäre vermitteln. Die Anordnung von Courts oder sportlichen Aktionsräumen allgemein zu den Aufenthalts- und Restaurationsräumen. Es ist wichtig, daß dort ein gewisser Kontakt vorhanden ist, damit eine gewisse Atmosphäre entsteht. Alle Sichtkontakte veranlassen einen selber erst einmal, eine Weile dort zu bleiben. Wenn der Besucher diese Erlebnisse nicht hätte, würde er wahrscheinlich sofort aufstehen und woanders hingehen, weil es zu langweilig wäre. Oder weil er annehmen könnte, als jemand betrachtet zu werden, der einfach nur rumsitzt. Bei öffentlichen Plätzen benötigt man häufig attraktive Punkte, wie Brunnen, Skulpturen etc., die deren Besucher legitimieren, sich dort aufzuhalten. Gibt es diese Punkte nicht, dann haben sie den Eindruck, andere könnten von ihnen denken, sie lungerten nur herum, hätten nichts zu tun. Das haben Untersuchungen über öffentliche Plätze ergeben. Die Voraussetzungen in einem Erlebnisraum sind dagegen so, daß man dort gerne verweilen will und daß das von anderen akzeptiert wird, die einen dort zufällig sehen. In ihnen kann man eben alleine mal eine halbe Stunde sitzen, guckt rum und wird nicht gleich verurteilt.

WARE SPORT

Dickel: In einem Einkaufszentrum kommt es am Ende darauf an, was umgesetzt, was verkauft wird. Aber im Grunde wird im Squash-Center auch nichts anderes gemacht als ein Stück Ware verkauft. Die Ware heißt: eine Stunde Sport – möglichst in einer optimalen Umgebung, maßgeschneidert auf die spezielle Zielgruppe. Und die Bauherren, die Investoren, die diese Sache initiieren, haben das voll erkannt.

FUNKTIONSABLÄUFE

Dickel: Der Grundriß ist das Gebiet des Architekten, wo alles organisiert wird, wo die Funktionsabläufe dargestellt werden. Es ist natürlich immer sehr schwierig, verschiedene Bereiche einander zuzuordnen. Das ist in erster Linie ein Problem der Organisation. In dem Sinne, daß ich frage, wie schaffe ich es, daß möglichst wenig Personal eingesetzt wird, um eine möglichst effektive Anlage zu fahren. Hinzu kommt eine weitere Schwierigkeit solcher Anlagen, die viele verschiedene Aktivitäten auf engem Raum anbieten. Sie liegt darin, daß man versuchen muß, alle Teilbereiche gleichmäßig auszulasten. Das ist sehr schwierig zu erreichen. Ein Squasher geht z. B. nur hin und spielt seine Stunde

Squash, geht eventuell noch in die Sauna, ißt dann aber bestimmt nicht mehr in der Anlage. Denn dann geht er wieder irgendwo anders hin. Man möchte nicht an die Anlage gebunden sein, vereinsmäßig oder so, sondern man zahlt einen ganz speziellen Preis für eine ganz spezielle Sache.

ZIELGRUPPE
Dickel: Welche Leute spielen Squash? Meistens sind das Studenten, meistens sind das Leute der mittleren Schicht, möchte ich mal sagen. Einfache Arbeiter oder untere Schichten spielen wahrscheinlich auch mal Squash, finden das aber ein bißchen langweilig, dann gehen sie in andere Sportarten. Dann gibt's die Großverdiener, die machen auch wieder was anderes, die spielen Polo oder gehen Reiten. Die Leute aus dem mittleren Bereich sind von dem, was sie von Elternhaus und Erziehung mitbekommen, von dem, wie sie tagtäglich durch die Medien beeinflußt werden, ganz natürlich darauf getrimmt, auf optische Qualitätsmerkmale Wert zu legen, und honorieren dies auch entsprechend. Der Anspruch ist einfach da, aufgrund dieses Backgrounds. Wenn die Entscheidung ansteht, wo gehe ich hin, wo verbringe ich meine Freizeit, sind diese optischen Qualitätsmerkmale genau die Meßlatte, die angelegt wird.

POSITIVE GESELLIGKEIT
Hackl: Ich tendiere ja sehr zur positiven Geselligkeit. Ich bin ein Fürsprecher der positiven Geselligkeit. Ich bin ein Gegner des Einzelkämpfertums, weil es unter dem sportlichen Gesichtspunkt auch nichts bringt, wenn man alleine kämpft. Man braucht ja immer wieder einen, dem man sagt: Spielste mit mir? Da bringen uns diese Freizeitzentren auch wieder hin. Die Leute suchen schon den Kontakt. Die meiden zwar den Zwang, in einen Verein zu gehen, sich gängeln zu lassen, sich vorschreiben zu lassen, wann was stattzufinden hat, aber die finden es natürlich gut, wenn sie freiwillig und ohne Zwang Menschen kennenlernen können. Gerade in solchen Zentren ist das möglich. Da lernt man Leute kennen, von denen findet man ein paar sympathisch, mit denen sitzt man dann plötzlich zusammen.

KONTAKTSUCHE
Hackl: Das Erlebnis, das gesellschaftliche Erlebnis ist ganz entscheidend. Die wollen sich doch auch mal unterhalten, die wollen mal rela-

xen und nicht nur hingehen, Sport treiben und wieder nach Hause gehen. Auch zwischen den Leuten hat sich die Kontaktsuche sehr positiv entwickelt. Früher ist jeder seinen Weg gegangen, heute schließt man sich wieder zusammen. Das hat nichts mit Vereinsmeierei zu tun.

VIELFALT

Hackl: Die Vielfalt ist besonders wichtig. Wenn die Freizeit besonders lang wird, muß das Angebot entsprechend mehr durchdacht und abwechslungsreich sein, damit es nicht langweilig wird. Das ist auch Aufgabe der Architektur und Innenarchitektur. Die verschiedenen Erlebnisbereiche einer Anlage müssen immer wieder den Anreiz bieten, da hinzugehen. Ich sage mal ein Beispiel: Ich bin in einem Fitneß-Center, gehe einmal die Woche hin. Dann sage ich: Heute setze ich mich an das Bistro, weil mir dort die Atmosphäre gefällt. Morgen gehe ich dann in die italienische Ecke und esse meine Spaghetti, am Wochenende gehe ich in die Champagner-Bar.

ANREGEN

Hackl: Eine gute Architektur bildet immer eine Einheit, dennoch sind die Räume verschieden. Akzente werden gesetzt. Es gibt Bereiche, die individueller sind. Es müssen eben verschiedene Erlebnisbereiche dasein, damit der Mensch überhaupt angeregt wird. Der sitzt ja den ganzen Tag in seinem Einheitsbüro, wo jeder Schreibtisch gleich ist, jeder Stuhl gleich ist. Der will nun ein Erlebnis haben.

Kraftstoff für den Hochleistungsmotor

Gespräch mit Prof. Dr. Helmut Rottka, Ernährungsmediziner beim Bundesgesundheitsamt Berlin

Immer mehr Nahrungsmittel enthalten Vitamin- oder Mineralzusätze. Essen wir heute gesünder denn je?

Rottka: Also sicher nicht deswegen, weil die Lebensmittelindustrie – aus welchen Gründen auch immer – Vitamine oder Mineralien den Nahrungmitteln zusetzt. Von diesen Nährstoffen weiß man zwar, daß wir sie benötigen, aber wahrscheinlich nicht in diesem Ausmaß. Wir leben im Gegenteil eigentlich eher ungesünder, weil wir uns, insbesondere in der Energieaufnahme, ja immer noch verkalkulieren. Wir glauben immer noch, mehr essen zu müssen, als wir körperlich an Energie tatsächlich wieder loswerden. Die Tatsache, daß bei fast 50% unserer Bevölkerung Übergewicht besteht, spricht eine deutliche Sprache. Die Vitamine sind ohnehin aus meiner Sicht in ihrer gesundheitlichen Wirkung überschätzt, denn bei einer normalen vernünftigen, gemischten Ernährung führen wir eigentlich alle Vitamine in ausreichenden Mengen mit unserer natürlichen Ernährung zu, so daß eine Substituierung mit solchen Substanzen nicht notwendig ist. Es ist allerdings richtig, daß bestimmte Bevökerungsgruppen, z. B. Jugendliche so zwischen 18 und 24 Jahren beim Vitamin B1, dem Thiamin, deutlich niedriger liegen als andere Gruppen. Das hängt aber mit deren Fehlernährung zusammen, weil sie – ich vergröbere das jetzt – sich überwiegend von Hamburgern und Cola ernähren und dadurch andere wichtige Mineralstoffe oder vitamintragende Lebensmittel nicht in ausreichendem Maße zu sich nehmen.

Braucht denn die in den letzten Jahren stärker in den Vordergrund getretene Gruppe der Freizeitsportler eine andere, z. B. vitamin- oder mineralstoffreichere Nahrung als körperlich weniger aktiven Menschen?

Rottka: »Freizeitsport« ist natürlich ein sehr unscharfer Begriff. Es hängt sehr davon ab, was es für ein Sport ist, wie intensiv, wie häufig und wie ausdauernd er betrieben wird. Deswegen kann man sicher keine globale Antwort auf Ihre Frage geben. Aber ich glaube, daß die meisten von denjenigen, die in den üblichen Ausmaßen Freizeitsport betreiben, außer einer gemischten, vernünftigen Ernährung keine zusätzlichen Substanzen benötigen. Anders ist es ganz sicher, wenn Sie Marathonläufer sind und regelmäßig, sagen wir, pro Tag 30 Kilometer laufen. Dann haben Sie beispielsweise einen erhöhten Flüssigkeitsbedarf. Diese Leute werden in der Regel auch mehr Kochsalz benötigen, weil über die hohe Flüssigkeitsabgabe der Haut beim Laufen mehr Natrium ausgeschieden wird. Aber unterstellt, der Sportler ißt die üblichen 15 Gramm Kochsalz pro Tag, die der Schnitt unserer Bevölkerung täglich zu sich nimmt, dann hat er trotz seines Sports keinen wesentlich erhöhten Bedarf. Denn 15 Gramm sind ein Luxuskonsum, den wir Normalbürger mit dem Urin ausscheiden und den der Marathonläufer über die Haut loswerden kann. Er hat ganz sicher keinen erhöhten Bedarf an irgendwelchen Vitaminen oder anderen Mineralstoffen, die nicht über die Haut ausgeschieden werden. Tatsächlich ist Schwitzen eine unkontrollierte Abgabe bestimmter Mineralien, von denen das Natrium, also ein Teil des Kochsalzes, am stärksten betroffen ist. Aber beispielsweise auch Kalium und Magnesium werden über die Haut abgegeben. Von daher stammt aus meiner Sicht wohl auch die Idee, eine bestimmte Sportlernahrung zu produzieren. So ist z. B. der Elektrolyt-Trunk konzipiert. Also bei intensiver körperlicher Betätigung kann es durchaus sein, daß es mal zu einem Mangel an diesen Substanzen kommt, der aber – in aller Regel – durch eine normale, gemischte Ernährung wieder ausgeglichen werden kann.

Ein Hersteller von Sportler-Spezialnahrung wirbt für seine mit Vitaminen und Mineralstoffen angereicherten Produkte unter anderem mit der Behauptung, daß diese Vitalstoffe aufgrund der künstlichen Düngung in den pflanzlichen Nahrungsmittel nicht mehr in ausreichender Menge enthalten sind. Ist das richtig?

Rottka: Nein. Im Gegenteil, künstlich gedüngte Lebensmittel enthalten in der Regel Mineralstoffe in den gewünschten Mengen. Müßte ein Bauer Gemüse auf einem magnesiumarmen Boden anbauen, dann würde er – schon damit die Pflanze sich besser entwickelt – das fehlende Magnesium zusetzen. Damit wäre natürlich das Magnesium in der Pflanze auch enthalten. Und die Vitaminentstehung – es handelt sich ja ohnehin fast immer nur um Vitamin C – ist nicht davon abhängig, welche Form von Düngung Sie verwenden. Das geschieht auf einem anderen, biologischen Weg, nicht aber durch die Düngung.

Gibt es bei einem Zuviel an Mineralstoffen oder Vitaminen schädliche Nebenwirkungen?

Rottka: Es gibt keine Nebenwirkungen, was die wesentlichen Mineralien anbelangt als da sind Natrium, Magnesium, Kalium, auch Eisen und Kalzium. Nicht, solange Sie gesund sind. Das Zuviel wird entweder gar nicht resorbiert – das gilt für Kalzium und Eisen – oder aber, wie Natrium, Magnesium und Kalium, in der Regel über die Nieren wieder ausgeschieden. Solange die Nieren in Ordnung sind, besteht da keine Gefahr. Ein Zuviel an Vitamin A und D kann zu Vergiftungserscheinungen führen. Die B-Vitamine und das C-Vitamin kann man praktisch unbeschränkt essen. Aber auch hier sind zusätzliche Gaben an diesen Vitaminen rausgeworfenes Geld, weil eine gemischte Ernährung davon ausreichend bietet.

Gerade in Sportlerkreisen gilt das Vitamin E, das vom Namen nach schon ein bißchen an »Energie« erinnert, als das Aktivitätsvitamin. Was bewirkt dieses Vitamin im einzelnen?

Rottka: Also wenn ich das genau wüßte. Tocopherol ist im wesentlichen ein Lebensmittelzusatzstoff und wird benutzt für die Lebensmittelkonservierung. Es ist ein Anti-Oxidans, das beispielsweise in der Margarine verwendet wird, damit die ungesättigten Fettsäuren durch den Luftsauerstoff nicht oxidieren. Innerhalb unserer Ernährung brauchen wir das Vitamin E ohne Zweifel, denn sonst dürfte es gar nicht Vitamin heißen. Der Bedarf liegt bei 12 mg und wird bei gemischter Ernährung weit überschritten. Bei Mangel kann es z. B. zu Störungen des Muskelstoffwechsels kommen. Es ist immer auch als Fertilitäts-, also als Fruchtbarkeitsvitamin geführt worden. Das ist aber, soweit ich weiß, wenn überhaupt, dann nur an den Ratten je nachgewiesen worden. Die Propaganda für Vitamin E halte ich für eine ganz besonders bösartige Entgleisung. Das ist eine Substanz, die bei irgendwelchen Prozessen anfällt, die sozusagen ihren Markt sucht. Den Leuten wird eingeredet, es sei ganz besonders günstig für dieses oder jenes. Ich kann mich an eine Ära erinnern, die wir in der Medizin vor vielleicht 25 oder 30 Jahren hatten. Damals pries eine Weltfirma die Kombination von Vitamin A und E gegen eine ganze Reihe von Krankheiten an, insbesondere gegen Schwerhörigkeit oder sklerotische Veränderungen. Allerdings ohne die geringste Spur an Wahrheit. Mich hat es sehr gewundert, daß dieses Vitamin nach vielen Jahren plötzlich wieder hochkommt, aber das ist wohl Public-Relation. Man redet den Leuten etwas ein – wie Sie schon richtig sagen, »E wie Energie« klingt gut, Fruchtbarkeit macht sich auch immer gut, und schon wird das Zeug verkauft.

Wie sieht es denn mit dem Element Magnesium aus? Dafür ist in der letzten Zeit mit dem Hinweis auf eine unzureichende Versorgung bei vielen Menschen auch sehr geworben worden. Gibt es denn tatsächlich einen Magnesiummangel bei einem Teil der Bevölkerung?

Rottka: Auf diese Frage möchte ich nur sehr ungern klar mit »ja« oder »nein« antworten. Ich persönlich bin der Meinung, daß wir keinen echten Magnesiummangel je gehabt haben und daß die Propagierung von Magnesium eher eine modische Erscheinung ist. Aber es gibt eine ganze Gruppe von durchaus seriösen Forschern, die sich mit Magnesium beschäftigen und die verschiedene Störungen, z. B. nächtliche Wadenkrämpfe oder schlechte Streßverarbeitung mit Magnesiummangel in Übereinstimmung gebracht haben. Ich persönlich bin davon nicht überzeugt, weil die Mengen, die an Magnesium notwendig sind und die auch aus der Empfehlung der Deutschen Gesellschaft für Ernährung hervorgehen, bei uns durch eine gemischte Ernährung bei weitem gedeckt werden. Alle diese Behauptungen wären nur richtig, wenn diese Empfehlungen nicht stimmten und wenn wir tatsächlich wesentlich mehr benötigten, als wir uns mit unserer Ernährung zuführen.

Gerade in dem in den letzten Jahren sehr populär gewordenen Fitneßsportbereich wird den Aktiven eine spezielle, hochkonzentrierte Eiweiß-Nahrung angeboten. Woraus besteht dieses konzentrierte Eiweiß, was ist das?

Rottka: Ja, was immer das ist – Quark ist beispielsweise konzentriertes Eiweiß, wenn Sie so wollen. Ich kenne die Präparate nicht. Aber man kann z. B. Fleischextrakte herstellen, und man kann diese wiederum mischen mit Milchextrakten. Man kann aber auch Sojabohneneiweiß nehmen. Das ist eine reine kommerzielle Angelegenheit, und ich glaube auch nicht, daß es irgendwelche wissenschaftliche Unterlagen dazu gibt, was am besten zu verwenden sei. Von der Biologie her gesehen sind natürlich die leicht zur Verfügung stehenden und vor allen Dingen essentiellen, also lebensnotwendigen Aminosäuren diejenigen, die man am ehesten zufügen sollte, wenn man einen Eiweißmangel beheben will. Aber ich möchte schlicht verneinen, daß es für einen Sportler – welcher Art auch immer – einen echten Eiweißmangel zu beheben gilt. Wir essen Eiweiß in einer Größenordnung, die etwa 100% über dem liegt, was wir tatsächlich benötigen. Wenn man es scharf rechnet, liegt das biologische Eiweißminimum etwa bei 30 Gramm am Tag. Allerdings müßte man sich dann nach dem ernähren, was man eine »selektive Protein-Diät« nennt. Das heißt, man muß die Eiweiße sehr genau auswählen. Wenn Sie nicht selektieren, kommen Sie mit 50 Gramm gut zurecht. Und die Bedarfswerte, die die Deutsche Gesellschaft für Ernährung herausgibt, liegen bei etwa 0,8 Gramm Eiweiß pro Kilogramm Körpergewicht, was etwa auf 70 Gramm Eiweiß pro Tag bei einem mittleren Körpergewicht hinausläuft. Tatsächlich essen wir aber etwa 120 bis 140 Gramm Eiweiß, so daß da überhaupt keine Lücke in der Proteinzufuhr besteht. Es ist sicher richtig, daß Leute, die beispielsweise Kraftsport betreiben, also z. B. etwa wie Bodybuilding, erhöhte Eiweißmengen benötigen, da die Muskulatur, die sich ja dabei bilden soll, letzten Endes aus Eiweiß besteht. Nur, dieses ist keine Frage der Zufuhr – wenn Sie nicht die mittleren Mengen unterschreiten –, sondern das ist eine Frage der körperlichen Aktivität. Deswegen wird das ja mit solchen Sportgeräten gemacht. Wenn Sie an so einer Maschine üben, dann können Sie bei einer Durchschnittszufuhr von 70/80 oder sogar 100 Gramm Eiweiß jeden Muskel bilden. Das ist rein kommerziell gedacht, wenn man den sporttreibenden Leuten, die sich diese gerundeten Muskeln antrainieren wollen, einredet, sie müßten jetzt Eiweißkonzentrate zu sich nehmen.

Diese Eiweißkonzentrate sind ja nicht gerade billig. Wenn man es jetzt auf den Gehalt an Eiweiß hochrechnet: ist es dann preiswerter, konzentriertes Eiweiß zu sich zu nehmen, oder ist es billiger, Fleisch, Milch und Quark zu verzehren?

Rottka: Es ist ohne Zweifel billiger, Quark zu essen und auf diese Weise ein hochwertiges Eiweiß zu verzehren. Zumal eben die Notwendigkeit der Aufnahme eines Eiweißkonzentrates für Sportler aus meiner Sicht nicht besteht. Ich halte das für rausgeworfenes Geld. Aber ich würde nicht einmal sagen: »Trink mehr Milch oder iß mehr Quark«, denn in der Regel reichen für die nicht extremen Sportarten die Mengen an Eiweiß aus, die wir eben sowieso essen. Wir haben heute ja eher das Problem zu überlegen – was übrigens auch sogar bei Sportlern schon zutrifft –, ob man nicht auf vegetabiles, also pflanzliches Eiweiß zurückgeht und weniger tierisches Eiweiß zu sich nimmt. In Mainz wurde am Institut für Sportmedizin an einzelnen Sportlern nachgewiesen, daß das Leistungsvermögen bei denjenigen stieg, die weniger tierisches, dafür aber mehr vegetarisches Eiweiß zu sich nehmen. Da ein Übermaß an Eiweiß aus moderner Sicht etwas Krankmachendes sein kann, würde ich schon aus diesem Grunde vor Eiweißkonzentraten warnen. Wobei ich aber nicht weiß, was die Eiweißkonzentrate im einzelnen tatsächlich enthalten.

Ein Hersteller von konzentriertem Eiweiß schreibt in seiner Werbebroschüre, der Vorteil seines Produktes sei der, daß im Gegensatz zu dem Verzehr von sehr viel, ebenfalls recht eiweißreichem Fleisch keine in dem Naturprodukt vorkommenden Schadstoffe wie Harnsäure usw. enthalten seien. Sind die Eiweißkonzentrate in dieser Hinsicht tatsächlich gesünder?

Rottka: Es ist richtig, daß es eiweißreiche Lebensmittel gibt, die Purine enthalten, während in anderen keine Purine oder nur sehr wenig sind. Allerdings muß man aufpassen: Soja kann sehr purinarm sein, ist es aber nicht unbedingt. Das gilt aber auch für eine andere Reihe von tierischen Lebensmitteln. Aus dem Purin – das ist ein Eiweißbaustein, der insbesondere in den Kernen der Zellen vorkommt – wird im Verlaufe des Abbaus Harnsäure gebildet. Diese Harnsäure kann bei Leuten, die dazu neigen, also potentielle Gichtpatienten, nicht ausgeschieden werden und führt dann zu diesen starken Gelenkschmerzen. Und es ist sicher richtig, daß in der Ernährung, wie wir sie im Augenblick haben, die Menge an Purin eine zu große Rolle spielt. Den Krankheiten, die durch ein Zuviel dieser Stoffe entstehen, kann man aber vorbeugen: entweder durch Vermeidung überhaupt von zuviel Eiweiß – das würde ich für das Vernünftigste halten – oder aber durch eine Auswahl von Eiweißen, die wenig Purine enthalten. Aber da brauchen Sie nicht viel Geld auszugeben. Milch und Quark z. B. sind völlig purinfreie Eiweiße, insofern kann man die purinarme, aber eiweißreiche Ernährung auch billiger haben.

Sie sprechen immer wieder von der gesunden »gemischten Ernährung«. Wie sieht diese Ernährung im einzelnen aus, und wie sollte sich ihrer Meinung nach ein mäßig aktiver Freizeitsportler ernähren, der meinetwegen mit dem Fahrrad zur Arbeit fährt und vielleicht dazu noch einmal die Woche joggt und schwimmt?

Rottka: Eine gemischte Ernährung ist sehr simpel: Sie sollten von allem etwas und von keinem Lebensmittel zuviel essen. Nach unseren heutigen Erkenntnissen würde ich sagen, unter Bevorzugung von Brot, Gemüse und Kartoffeln und unter Hintanstellung von allzu großen Fleisch- und Wurstmengen. Reichlich aber durchaus Milch, meinetwegen auch fettarme Käsesorten. Man sollte einfach versuchen, von allem etwas zu bekommen. Es gibt dafür aber Gott sei Dank keine festen Regeln. Unsere deutschen Eßgewohnheiten mit dem traditionell etwas mageren »continental-breakfast« morgens – Brot mit Butter oder Margarine und Marmelade –, einer üppigen Mittagsmahlzeit sowie einer brotbetonten und aufschnittsreichen Abendmahlzeit, deckt durchaus alle unsere Bedürfnisse. Jemand aber, der nun morgens laufen will und vorher etwas Energie tanken möchte, für den ist natürlich das kleine deutsche Frühstück ein bißchen schmal. An seiner Stelle würde ich versuchen, dieses Frühstück mit Quark, Joghurt oder meinetwegen auch etwas Wurst und Käse ein bißchen aufzuwerten und dann lieber an der Mittagsmahlzeit sparen. Diese traditionelle Dreiteilung, die ohnehin nicht sehr günstig ist, muß man nicht beibehalten. Es ist vernünftiger, fünf oder sechs Mahlzeiten einzuführen, die dafür aber dann kleiner sind. Feste Regeln, daß Sie also mittags Kartoffeln und abends keine essen dürfen, gibt es nicht. Aber Sie sollten jeden Tag einmal Kartoffeln essen, und Sie sollten auch jeden Tag Brot essen, wobei Sie zwischen Fleisch, Käse und Wurst eher abwechseln sollten. Also nicht eine dicke Mittagsmahlzeit mit Fleisch und dann abends noch Wurst und auch noch Käse. Bei Sportlern, z. B. Joggern, kommt dann noch hinzu, daß sie in der Regel mit einer kohlenhydratreichen Mahlzeit vorher besser auskommen, da der Organismus Kohlenhydrate ja nur in sehr begrenzter Menge in der Muskulatur und in der Leber speichern kann, weswegen viele Sportler, insbesondere untrainierte, früh Muskelschmerzen kriegen. Der Grund dafür ist, daß die Kohlenhydrate als Traubenzucker nach einer Weile für die Verbrennung nicht mehr akut zur Verfügung stehen, so daß dann Milchsäure gebildet wird, die den Muskelkater macht. Und insofern – das hat sich ja wohl bei den Langstreckenläufern inzwischen schon eingebürgert – essen sie dann vorher z. B. Spaghetti. Man kann Traubenzukker lutschen, süßen Saft trinken oder einfach Zucker nehmen. Nur, vorher eine größere Menge Kohlenhydrate ist sicher für einen Ausdauersport günstiger.

Man muß eine Unterscheidung zwischen Gesundheit und Leistungsfähigkeit machen

Gespräch mit Prof. Dr. Wildor Hollmann, Deutsche Sporthochschule Köln

Herr Hollmann, die Herz-Kreislauf-Erkrankungen haben in den vergangenen 30 bis 40 Jahren so dramatisch zugenommen, daß der Herzinfarkt heute in der Bundesrepublik an der Spitze der zum Tode führenden Krankheiten steht. Wie kommt es eigentlich zu dieser Entwicklung?

Hollmann: Das ist zweifellos die Auswirkung unseres gesamten Lebenswandels und unserer gesamten Lebensbedingungen. Es gibt noch in den vierziger Jahren deutschsprachige Lehrbücher der inneren Medizin, in denen das Wort Herzinfarkt gar nicht auftaucht. Ich kann mich noch entsinnen, daß ich als Student Ende der vierziger Jahre in einer Vorlesung zu hören bekam: »Das und das ist dann ein Herzinfarkt. Es handelt sich hierbei um ein sehr seltenes Vorkommnis.« Wenn man sich die Statistiken des Statistischen Bundesamtes ansieht, da bewegte sich die Zahl der Herzinfarkte im Jahr 1950 um die Größenordnung von 8000. Es waren dann schon Ende der fünfziger Jahre ungefähr 30 000. Und wenn man das Jahr 1985 nimmt, gab es bereits 83 000 Herzinfarkttote und weitere rund 100 000, die in diesem Jahr einen ersten Infarkt erlebt hatten. Noch weitaus höher liegen die Zahlen in den USA. In der Bundesrepublik beispielsweise machten die eben genannten Zahlen im Jahr 1985 in der Statistik der Todesursachen 52 % aus. Zum Vergleich: Die an zweiter Stelle stehenden bösartigen Tumore machten im Jahr 1985 genau 23 % aus. In den USA wurde der höchste Gipfel der Herz-Kreislauf-Sterblichkeit 1968 erreicht, er betrug damals 82 %. Von 1968 bis 1985 ist die Zahl der Herzinfarkte um 33 % zurückgegangen.

Hängt das damit zusammen, daß die Leute gesünder leben und mehr Sport treiben?

Hollmann: Selbstverständlich. Von selbst kommt so etwas nicht. Es gibt ausgedehnte Anstrengungen wissenschaftlicher Art, mit enorm hohen Finanzmitteln durchgeführt, die Ursachen dieses Rückgangs zu ergründen. Bisher ist es noch nicht möglich, mit wissenschaftlicher Sicherheit angeben zu können, welche Faktoren die wichtigsten sind. Dagegen ist die Summe der Faktoren bekannt. Ab 1968 setzte dank Coopers Publikation und seiner Popularität, die mit dem Buch »Aerobics« verbunden war, eine Laufwelle ein. Außerdem gab es einschlägige Bemühungen der amerikanischen Regierung. Schon John F. Kennedy hatte die amerikanische Jugend zu vermehrter sportlicher und körperlicher Aktivität aufgerufen, das stimulierte auch. Ein anderer wichtiger Faktor ist, daß in den USA viel weniger geraucht wird. Die Raucherzahlen sind immer weiter zurückgegangen. Es wird auch viel weniger Fett verzehrt pro Kopf der Bevölkerung, d.h. der Prozentsatz an Kalorien, der in Form von Fett zugeführt wird, hat in den USA immer weiter abgenommen. Bei den Hypertonikern, also den Personen mit zu hohem Blutdruck, hat man durch die Selbstkontrolle mit Selbstmeßgeräten und entsprechender Anleitung der Dosierung von Präparaten eine weitaus intensivere Betreuung erreicht und damit eine bessere Senkung des Blutdruckwertes. Die Diabetiker sind besser eingestellt als vor zwanzig Jahren. All das sind Gesichtspunkte, die in ihrer Summe dazu beigetragen haben, die genannte Senkung der Herzinfarktzahlen bewirken zu können.

Wir haben in der Bundesrepublik doch auch eine starke Sport- und Fitneßwelle, aber dennoch hat sich die Zahl der Herzinfarkte noch nicht in diesem Maße verringert. Trainieren die Deutschen nicht richtig, und wie müßte ein Training aussehen, das ganz an gesundheitlichen Gesichtspunkten orientiert ist?

Hollmann: Man geht heute davon aus, daß in den USA zwischen 40 und 45 Millionen Menschen ein regelmäßiges, d.h. mindestens dreimal wöchentliches Ausdauertraining ausführen. Darüber hinaus schätzt man, daß weitere 60 Millionen Menschen in irgendeiner Form in Richtung Ausdauer körperlich aktiv sind, nur nicht mit der genannten Regelmäßigkeit. Da die USA heute rund 240 Millionen Einwohner haben, würde das – selbst wenn ich nur die bewußten 40 Millionen nehme – bedeuten, daß jeder sechste oder siebte Amerikaner in irgendeiner Weise ein regelmäßiges Ausdauertraining absolviert. In der Bundesrepublik geht man etwa davon aus, daß wir etwa 4 Millionen Menschen haben, die ein mehr oder weniger regelmäßiges Ausdauertraining durchführen. Bei 60 Millionen bedeutet das, es ist genau jeder fünfzehnte Bundesbürger. Das sind alleine schon gewaltige zahlenmäßige Differenzen, wenn ich nur einen Gesichtspunkt betrachte. Darüber hinaus ist in der Bundesrepublik das Rauchen nicht wie in den USA seit zwanzig Jahren auf dem Rückmarsch, sondern bis einschließlich des Jahres 1985 ständig weiter im Vormarsch gewesen. Die Bundesrepublik gehörte zu den wenigen westlichen Ländern, wo noch bis einschließlich 1985 von Jahr zu Jahr pro Kopf der Bevölkerung mehr geraucht wurde. Wir haben erstmals im Jahre 1986 einen Rückgang zu beobachten, und zwar in einer Größenordnung von 2,4%. Es scheint also so zu sein – wenn das nicht ein einmaliger Ausrutscher gewesen ist –, daß auch hier eine segensreiche Tendenz einsetzt. Darüber hinaus sind diese großen Studien, wie sie in den USA zur besseren Einstellung des Blutdrucks, zur besseren Einstellung von Diabetikern durchgeführt worden sind, in dieser Form vergleichbar bei uns noch nicht durchgeführt worden. Das alles sind Reserven, die bei uns noch zusätzlich genutzt werden können. Immerhin konnte man feststellen, daß ein Anstieg der Zahl der Herzinfarkte seit ungefähr acht Jahren nicht mehr zu verzeichnen ist. Es gibt kleine Schwankungen von Jahr zu Jahr, man kann sagen, es hat sich ein fester Level von 50 bis 52% eingependelt. Wir haben nur ein einziges Mal seit dem Bestehen der Bundesrepublik einen Rückgang bei der Zahl der Herzinfarkte gehabt. Das war im Jahr 1977. Damals glaubte man, jetzt geht dieselbe Tendenz los wie in den USA, das hat sich aber leider nicht bestätigt.

Noch einmal zum zweiten Teil der Frage: Wie müßte ein Training gestaltet sein, damit es tatsächlich nur der Gesundheit verpflichtet ist?

Hollmann: Da kann man nur den heutigen Stand des Wissens angeben, der leider noch – weil wir mitten in diesem Geschehen drinstekken – mangelhaft ist. Nach dem heutigen Stand des Wissens wäre ein gesundheitlich optimales Training folgendermaßen beschaffen:

1) Man sollte dynamische, also Bewegungsbeanspruchungen möglichst großer Muskelgruppen durchführen, z. B. der langsame Dauerlauf, das Radfahren, der Skilanglauf, das Bergaufgehen, das Schwimmen. Dann sind noch Ballspiele zu empfehlen: Tennis, Fußball, Hockey, Handball, Basketball, aber nicht Squash, nicht Tischtennis, nicht Volleyball. Ferner aber wieder hingegen Rudern und Kanu.

2) Man sollte diese Sportarten drei- bis viermal wöchentlich ausüben, wenn es nach heutigem Stand des Wissens gesundheitlich optimal sein soll. Die jeweilige Belastungsdauer sollte dreißig bis vierzig Minuten betragen.

3) Die Belastungsintensität in diesen Betätigungen soll so hoch sein, daß man sich nach der Faustregel richten kann, 180 minus das

eigene Lebensalter ist gleich Pulszahl im Training. Wissenschaftlich exakter kann man das mit der Milchsäure bestimmen. Es sollte in diesem Fall kein höherer Milchsäurespiegel im arteriellen Blut vorliegen als vier mMol.

Auf welche Dinge muß man beim Sporttreiben achten?

Hollmann: Angenommen, jemand ist organisch gesund, dann sollte er unter folgenden Bedingungen kein Ausdauertraining betreiben:

1) Bei Vorliegen einer erhöhten Körpertemperatur als Folge einer Infektion. Besonders gefährlich sind dabei offenbar Infektionen im Kopf, d.h. im Hals-, Nasen-, Rachenbereich. Die Gefahren, die drohen, sind sowohl eine akute Herzmuskelentzündung als auch eine Nierenentzündung. Mir selber sind manche Todesfälle im Laufe der Zeit persönliche bekannt geworden, die eventuell nur ein einziges Mal gegen diesen Gesichtspunkt verstoßen hatten.

2) Man sollte mit wirklich vollem Magen kein Ausdauertraining betreiben.

Die weiteren Punkte sind keine Gegenindikationen, sie sollen nur dazu anregen, eventuelle Warnsymptome des Körpers noch besser zu beachten, als man es normalerweise immer tun sollte.

1) Eine höhere Umgebungstemperatur als 28 Grad Celsius. 2) Eine höhere relative Luftfeuchtigkeit als 80 bis 85%. 3) Wenn man – beispielsweise mit der Bergbahn – sehr schnell in Höhen von mehr als 2500 Metern gekommen ist, sollte man dem Körper 5 bis 10 Minuten Gelegenheit geben, sich an die veränderten Bedingungen zu gewöhnen. Dann kann der Gesunde sich auch in dieser Höhe gefahrlos belasten.

In der Realität belasten sich die Freizeitsportler aber doch viel höher. Wie kommt es, daß die Leute z. B. zu schnell laufen und zu ehrgeizig sind?

Hollmann: Das ist die Kombination von Ehrgeiz, Freude an einer wirklichen Anstrengung, an einer Leistung und Unwissenheit. Lassen wir die Unwissenheit zunächst mal außen vor. Dann bedeutet das, so wie wir alle einmal erzogen worden sind und wie es mancher Trainer seinen Athleten beigebracht hat oder heute noch beibringt: Wenn man so richtig kaputt abends ins Bett sinkt, dann hat man wirklich etwas für seinen Körper getan, dann hat es gutgetan, dann war es das richtige Maß. Genau das ist falsch. Man ist in diesem Falle, wenn man sich kaputt fühlt, schon über das physiologisch besonders nützliche Maß hinausgegangen. Der dritte Punkt eben war die erwähnte Unwissenheit. Manche Freizeitsportler meinen, je intensiver sie sich belasten, desto gesundheitsfördernder ist es. Mitarbeiter meines Instituts haben im Kölner Stadtwald an 25 Joggerinnen und 25 Joggern ganz überraschend Stichprobenuntersuchungen durchgeführt und festgestellt, daß nicht eine Dame und nicht ein Herr in dem Tempo liefen, wie es gesundheitlich optimal gewesen wäre. Man belastete sich statt dessen viel zu hoch.

Am Berliner Stadtmarathon haben 1986 über 12 000 Läuferinnen und Läufer teilgenommen. Es sah aus der Perspektive des Zuschauers so aus, als ob viele der Starter einfach nicht die grundsätzlichen Bedingungen mitbringen würden, wenn man die körperliche Konstitution betrachtet. Ein Teil war z. B. übergewichtig. Auf jeden Fall brachten nur wenige diese sehnige und leichtgewichtige sprichwörtliche Läuferfigur mit, die man bei Langstrecklern erwartet. Was soll man Menschen sagen, die den Wunsch äußern, eine 42-Kilometer-Distanz laufen zu wollen, die notwendigen Anlagen jedoch nicht mitbringen?

Hollmann: Zunächst müßten sich die Leute ärztlich untersuchen lassen. Man müßte die Sicherheit haben, daß sie keine ihnen unbekannten Veränderungen haben, z. B. im Hinblick auf die Durchblutungsgröße der Herzkranzgefäße, also im Hinblick des Sauerstoffangebotes des Herzmuskels selbst während körperlicher Arbeit. Wenn das in Ordnung ist, ist es damit nicht getan. Das ist nur die internistische Seite. Statt dessen ist es außerordentlich wichtig, daß man nicht durch Überbeanspruchung frühzeitig die Gelenke zerstört. Ich denke nicht einmal an möglicherweise immer einmal auftretende Zerrungen, das wäre gewissermaßen noch das Banalste. Ich denke jetzt an systematische Zerstörung von Gelenken, die sowieso schon Abnutzungsveränderungen haben. Wenn jemand anormale, unphysiologische Achsenstellungen in den Gelenken aufweist, wie das automatisch bei X- oder O-Beinen oder bei angeborenen Anomalien in Gelenken der Fall ist, oder wenn einer ein nennenswertes Übergewicht mitbringt, dann sind derartige enorm lange Laufdistanzen überhaupt nicht zu empfehlen. Die Betreffenden laufen Gefahr, daß sie mehr oder weniger bald orthopädische Schäden bekommen, eventuell unter Einbeziehung der Wirbelsäule, gegebenenfalls bis zur Halswirbelsäule hin. Wenn man Übergewicht hat oder die anderen Anomalien, von Schäden im orthopädischen Bereich ganz zu schweigen, dann sollte man halt Sportarten wählen, wie z. B. Radfahren oder Skilauf oder Schwimmen, jedenfalls irgendeine Betätigung, bei der das Gewicht des Körpers ganz oder teilweise von dem betreffenden Sportgerät getragen wird.

Trifft dies auch für die Trimm-Traber zu?

Hollmann: Wir sagen in der Sportmedizin als Faustregel: »Trau keinem über 35. Das ist einfach die auf Statistiken beruhende Erfahrung, daß etwa jenseits des 35. Lebensjahres die Wahrscheinlichkeit des Vorliegens von organischen Veränderungen sprunghaft ansteigt. Es sollte spätestens zu diesem Zeitpunkt eine ärztliche Untersuchung inklusive einer Ergometrie vorgenommen worden sein. Wer völlig auf Nummer Sicher gehen will, für den gilt das auch schon in jüngeren Jahren, nur von der statistischen Wahrscheinlichkeit ist es dann weniger ergiebig.

Marathonläufer bevorzugen häufig vor den Starts teilweise rigide Diäten, bei denen sie nur noch Kohlenhydrate zu sich nehmen. Ist das sinnvoll und gesundheitlich vertretbar?

Hollmann: Wenn das gelegentlich gemacht wird, in der Form, daß man derart spezifische Diäten zur Vergrößerung der intramuskulären Glykogendepots durchführt, kann man im Grunde nichts dagegen sagen. Gesundheitlich wird man sich dadurch gewiß nicht schädigen. Wenn es aber zur Routine wird, man das Woche für Woche immer neu macht, dann gewöhnt sich der Körper daran, und der gewünschte Effekt ist bei weitem nicht mehr zu erzielen. Was als Nebeneffekt dabei mal passieren kann, das sind Durchfälle, Magen-Darm-Beschwerden. Aber das sind Dinge, die gehen bei Normalisierung der Ernährung sehr schnell wieder weg. Es gibt aber ein anderes Kapitel in dem Gebiet: Sehr viele, gerade auch ältere Personen glauben, nur mit Spezialdiät überhaupt noch erfolgreich Sport treiben zu können. Ein kleines lustiges Beispiel dazu: Ich hatte einen Vortrag in einem Tennisclub. Anschließend wurde Tennis gespielt. Die Seniorenmannschaft des betreffenden Tennisclubs betrat den Platz. Sechs Herren, alle im Alter zwischen 45 und 60, alle mit einem weißen Beutelchen in der Hand. Auf mein Fragen hin, was das weiße Beutelchen bedeute, erklärten sie schmunzelnd: »Da haben wir unsere Eiweißnahrung drin, die trinken wir sowohl vor dem Spiel als auch bei jedem Seitenwechsel. Immer nehmen wir von dem Eiweiß einen Schluck. Ohne dieses Eiweiß können wir schon gar nicht mehr unsere normale Leistung bringen.« Das ist natürlich absoluter Unsinn.

Mit Thema Eiweißnahrung etc. sind wir auch schon bei den Fitneßstudios, die auch solche Drinks ihren Kunden anbieten.

Hollmann: Wenn jemand Tennis spielt, hat er keine spezifische Eiweißzufuhr nötig, weil es eine Ausdauersportart ist. Was natürlich in den Fitneßstudios sehr unsinnig ist, das ist die Tatsache, daß man glaubt, je mehr Eiweiß man schluckt – in welcher konzentrierten Form auch immer –, desto mehr könnte man den gewünschten Effekt in bezug auf die Körperreliefsformung entwickeln. Das ist natürlich absoluter Unsinn, entscheidend ist das Training, und erst danach kommt die Eiweißzufuhr. Ganz verwerflich ist dagegen, wenn in Fitneßstudios den betreffenden Kunden Anabolika angeboten werden. Das ist weniger in Fitneßstudios als im Bodybuilding der Fall. Trifft das noch nicht voll ausgereifte, jugendliche Menschen, kann damit ein Abbruch des Wachstums erreicht werden. Das wäre dann natürlich kriminell.

Was nützt dem Bodybuilder denn die Muskelmasse, die er mit sich herumträgt?

Hollmann: Gar nichts. Nach heutigem Stand des Wissens bringt diese Überdimensionierung gar nichts. Das ist ein rein kosmetischer Effekt. Wer dran Spaß hat, nicht wahr . . .

Und wie ist der gesundheitliche Nutzen des Krafttrainings einzuschätzen?

Hollmann: Krafttraining hat absolut auch seinen gesundheitlichen Nutzen, seinen positiven Stellenwert aus der Sicht der Medizin. Der Zusammenhang ist folgender: Der Durchschnittsmann wie auch die Durchschnittsfrau verlieren zwischen dem zwanzigsten und siebzigsten Lebensjahr 40% an Muskelmasse. Nun dient aber die Muskulatur nicht einfach der Beweglichkeit und der Erbringung körperlicher Leistung. Die Muskelzelle stellt ein Universum für sich dar, mit ihren rund drei Millionen unterschiedlichen chemischen Substanzen. Hier spielen sich viele jener Stoffwechselvorgänge ab, die einfach Ausdruck unseres Lebens sind. Leben ist sehr schlecht zu definieren, man kann es aber definieren als erbgebundene Vermehrung, Adaptationsfähigkeit und Stoffwechsel. Ein Teil dieser Funktionen spielt sich gerade in der Muskelzelle ab. Darum ist es allein schon zum normalen Ablauf der auf Stoffwechselgrundlage beruhenden Lebensvorgänge wichtig, über ein Mindestmaß an Muskulatur zu verfügen. Dem altersbedingten Abbau von Muskulatur kann man nur durch ein körperliches Training, speziell durch ein Krafttraining entgegenwirken. Wir kennen keine andere Methode in der Medizin – Ernährung oder Diät oder passive Maßnahmen wie Sauna oder

Massage –, mit denen man einem altersbedingten Abbau vorbeugen könnte. Das ist nur mit körperlichem Training zu erreichen.

Die Sportstudios bieten ihre Dienste unter dem Begriff »Fitneß« an. Diese Angebote sind eigentlich immer mit der Vorstellung von Leistungsfähigkeit bis ins hohe Alter verbunden. Sind Leistungsfähigkeit und Gesundheit eigentlich identisch, oder haben wir eher das Bewußtsein für deren Unterschiedlichkeit verloren?

Hollmann: Man muß eine Unterscheidung machen zwischen Gesundheit und Leistungsfähigkeit. Es gibt Weltrekordler, in welchen Sportarten auch immer, die krank sind. Und es gibt völlig gesunde Personen mit einer ganz anormal geringen körperlichen Leistungsfähigkeit. Das sind zwei völlig getrennte Begriffe. Wenn ich also jetzt die Leistungsfähigkeit steigere bei jemandem, der bisher unterhalb eines Mindestlevels gelegen hat, ist die Wahrscheinlichkeit groß, daß ich ihm damit gesundheitlich etwas Gutes tue. Es ist aber keines Falles gegeben, daß es so sein muß. Das sind zwei völlig getrennte Gesichtspunkte, und der Begriff der Fitneß fällt eben unter den Begriff der Leistungsfähigkeit, das steht damit im Vordergrund.

Viele Kunden in den Fitneßstudios sind ja bereits im Alter von 40 oder auch 50 Jahren und haben seit der Schulzeit keinen Sport mehr betrieben. Läßt sich in diesem Alter überhaupt noch Boden gutmachen, was Gesundheit und auch Leistungsfähigkeit betrifft?

Hollmann: Ich sehe das etwas anders. Man muß diese Frage auch nach zwei Gesichtspunkten differenzieren. Das eine ist das Feld der Risikofaktoren, die muß man immer zu vermeiden versuchen. Das wird spätestens ab 20 wichtig. Dagegen ist die körperliche Leistungsfähigkeit beim Menschen im allgemeinen in der dritten Lebensdekade, also zwischen 20 und 30, am größten. Dann treibt er auch am meisten Sport, im Grunde genommen hat der Mensch in diesem Lebensabschnitt den Sport am wenigsten nötig. Er hat zwar seine Vollreife erreicht, er hat aber noch keine nennenswerten Abbauprozesse und in diesem Stadium braucht er den Sport am allerwenigsten im Zuge seines Lebenslaufes. Ich habe schon vor über dreißig Jahren geschrieben, daß es zwei »Bedürftigkeitsgipfel« bezüglich des Sports und des körperlichen Trainings im Laufe eines Menschenlebens gibt. Der erste liegt zwischen dem zehnten und zwanzigsten Lebensjahr, weil hier die entscheidenden Weichen für die körperliche und geistige Entwicklung gestellt werden. Der zweite liegt jenseits des vierzigsten Lebensjahres, weil es jetzt darauf ankommt, altersbedingten Verlusten und Abbauvorgängen entgegenzuwirken. Dagegen in der dritten Lebensdekade, zum Teil auch in der vierten, haben wir Sport am wenigsten nötig.

Ich hatte vor einiger Zeit über diese Dinge ein Gespräch mit Emil Zatopek, der bekanntlich 1948 in London und 1952 in Helsinki vier olympische Goldmedaillen gewonnen hat. Er hat, glaube ich, 13 oder 16 Weltrekorde in seinem Leben aufgestellt. Er sagte mir damals, sein persönlicher Eindruck sei, daß Menschen, die mit dem vierzigsten Lebensjahr erst aktiv werden und sich systematisch aufbauen, mit fünfzig teilweise so weit sind, daß sie den ständig im Sport aktiven Fünfzigjährigen dann glatt überlegen sind. Und Zatopek führte das darauf zurück, daß die Betreffenden dann noch in den Gelenken und auch im psychischen Antrieb völlig unverschlissen waren. Sie suchten immer noch neue Erfolgserlebnisse, spürten, daß sie immer noch auf einer aufsteigenden Linie waren, und das stimulierte weiter. Zatopek sagte: »Es ist mir nach dem fünfzigsten Lebensjahr kaum noch möglich gewesen, irgendwo einmal einen Lauf über meine klassischen Distanzen zu gewinnen. Da kamen Gleichaltrige, die aber zu meiner Zeit überhaupt keinen Sport getrieben haben. Die haben mich geschlagen.«

Hat das Interesse am Sport nicht nur mit dem Wunsch nach Gesundheit, sondern vielmehr auch mit einem völlig veränderten Freizeitverhalten zu tun?

Hollmann: Ja. Der Mensch hat ja noch nie soviel Freizeit gehabt wie heute. Wir haben weitaus mehr Freizeit als berufliche, dienstliche Zeitverpflichtungen. Infolgedessen bekommt die Freizeit quantitativ schon einen ganz anderen Stellenwert. Wenn ich früher einen 10- oder 12-Stunden Arbeitstag hatte, dann war die Freizeit in erster Linie nur noch zur Entspannung da, weil man eben kaputt war vom Malochen. Das entfällt heute. Im Gegenteil: An den langen Wochenenden, dann muß man versuchen, die Freizeit sinnvoll zu gestalten. Alles, was mit Freizeit zu tun hat, ist deshalb nach wie vor in einem gewaltigen Aufwärtsboom begriffen.

Wird unsere Dienstleistungsgesellschaft, in der auch zukünftig körperliche Arbeit eine immer kleinere Rolle spielen wird, eine Gesellschaft sein, in der der Sport eine große Zukunft hat?

Hollmann: Dieser Prozeß ist praktisch abgeschlossen. Man kann davon ausgehen, daß die großen Wellen der generellen Technisierung und später der Automatisierung heute beendet sind. Da bieten sich kaum noch nennenswerte zusätzliche Aspekte. Man hat beispielsweise berechnet, daß der Durchschnittsbürger im Deutschland des Jahres 1900 täglich etwa 3100 Kalorien durch muskuläre Beanspruchung umsetzte. Durch die Technisierung und Automation unseres heutigen Daseins ist dieser Wert auf 2200 Kalorien heruntergegangen. Das wäre eine Einsparung von 900 Kalorien. Unter dem Wert von 2200 Kalorien geht es jetzt aber nicht mehr, die Entwicklung ist ganz unten angekommen. Aber wenn man das philosophisch sieht, könnte man sagen: »Gäbe es heute noch keinen Sport, dann müßte Sport zum Zwecke der Wiederherstellung normaler biologischer Verhältnisse geradezu erfunden werden.« Denn der Mensch ist nun mal nach dem Prinzip konstruiert, daß die Funktion die Struktur prägt. Wenn die Funktion unterschwellig bleibt, bleibt auch die Struktur unterschwellig. Das bedeutet, daß all die Bewegungsmangelerscheinungen mit ihren gesundheitlich negativen Auswirkungen verbunden sind. Der Breitensport wird – wenn Sie so fragen – eine große Zukunft haben.

Bildnachweis:
Sämtliche Abbildungen in diesem Band Archiv der Autoren.

Bitte beachten Sie
die folgenden Seiten

Howard Phillips Lovecraft

Unheimlicher Horror

Das übernatürliche Grauen in der Literatur

Ullstein Buch 36544

populäre Kultur

»Es gibt nur einen Prüfstein für das wahrhaft Unheimliche: ob im Leser ein tiefes Gefühl der Furcht geweckt wird, ein Gefühl der Berührung mit unbekannten Sphären und Mächten, eine subtile Haltung schaudernden Lauschens, wie wenn man auf das Flattern schwarzer Flügel oder auf das Kratzen von Gestalten und Wesen von außen, vom äußersten Rand des bekannten Universums horchte. Und selbstverständlich: je vollkommener und geschlossener eine Geschichte diese Atmosphäre vermittelt, desto besser ist sie als Kunstwerk in dem gegebenen Genre.«

Howard Phillips Lovecraft

William F. Nolan

Dashiell Hammett

Eine Biographie

Ullstein Buch 36351

populäre Kultur

William F. Nolan gilt als der beste Hammett-Kenner. 15 Jahre lang erforschte er ein Leben voller Widersprüche. Seine spannende Biographie beschreibt den genialen Autor des »Malteser Falken« jenseits von Mythos und Legende. Das Porträt eines Menschen zwischen Gelingen und Versagen.